LE CERCLE DE FEU

Guide pratique de Wicca moderne

SORITA D'ESTE & DAVID RANKINE

LE CERCLE DE FEU

Guide pratique de Wicca moderne

Traduit par Hervé Solarczyk

2021
Éditions Danaé

Éditions Danaé
10, rue de Vidailhan
31130 Balma
FRANCE

www.editions-danae.com

Retrouvez-nous sur les réseaux sociaux
Facebook @editionsdanae
Twitter @AllianceMagique
Instagram @editionsdanae

Crédits
Édité sous la direction d'Aurélie Simonneau
Traduction : Hervé Solarczyk
Couverture : Éloïse Rusch
Images couverture : © iStock/lavendertime, Ganna Bozhko (cercle), MorePics (flammes), iSidhe (pentagramme), Anatartan (feuilles), surreal66 (fleurs) et amtitus (triangle au crayon)
Images intérieures : © Satori (pentagramme), © iStock/MorePics (flammes), Anatartan (feuilles) et amtitus (triangle au crayon)
Création graphique et mise en page : Emmà Landi
Titre original : *Wicca: Circle of Fire* © 2008 Sorita d'Este et David Rankine
Avalonia – Londres – WC1N 3XX – Angleterre, Royaume-Uni

Un label des éditions Alliance Magique
ISBN : 979-10-94876-97-8
Dépôt légal : 1er trimestre 2021

Guide, ô Feu, le chercheur

Sur une voie d'illumination

Sur une voie de mystères

Par les cercles du temps et de l'espace

Par une étreinte aimante et passionnée

Voie fidèle d'une volonté parfaite

À PROPOS DES AUTEURS

Sorita d'Este et David Rankine sont les fondateurs du StarStone Network, un réseau de cercles de formation et de covens de tradition wiccane au Royaume-Uni. Ensemble, ils ont permis la tenue de nombreux ateliers, donné des conférences et écrit sur un grand nombre de sujets ésotériques. Sorita a commencé à s'intéresser à la magie dans son enfance, en raison d'expériences médiumniques et de sorties hors du corps. Son intérêt pour les divinités et la mythologie du paganisme classique a été alimenté par les poètes romantiques. David est entré dans le monde magique dans les années 1970, après avoir lu *Magick* d'Aleister Crowley et le manuel classique *Techniques de Haute-Magie* de Francis King et Stephen Skinner. On remarquera que bien des années plus tard, David a rencontré Stephen Skinner et a établi un partenariat littéraire très prolifique avec l'homme même dont l'œuvre l'avait inspiré à ses débuts. Sorita et David sont tous deux végétariens, mais si David adore les noix de macadamia, Sorita préfère le chocolat noir. Ils aiment tous les deux le jus de carotte, avec du gingembre frais !

Autres livres des mêmes auteurs

LIVRES DE SORITA D'ESTE ET DAVID RANKINE

Le Cercle de feu, 2005 et 2008

The Guises of the Morrigan: The Irish Goddess of Sex & Battle, Avalonia, Londres, 2005

Avalonia's Book of Chakras: a practical manual for working with your chakras using aromatherapy, colours, crystals, mantra and meditation to work with, balance and heal with your body's natural energy centres, Avalonia, Londres, 2006

The Isles of the Many Gods: An A-Z of the Pagan Gods & Goddesses Worshipped in Ancient Britain During the First Millenium CE Through to the Middle Ages, Avalonia, Londres, 2007

Practical Planetary Magick: Working the Magick of the Classical Planets in the Western Esoteric Tradition, Avalonia, Londres, 2007

Practical Elemental Magick: a guide to the four elements (Air, Fire, Water & Earth) in the Western Esoteric Tradition, Avalonia, Londres, 2008

Wicca : aux origines de la magie, Éditions Danaé, Balma, 2008

LIVRES DE, OU ÉDITÉS PAR, SORITA D'ESTE

Artemis, Virgin Goddess of the Sun & Moon, Avalonia, Londres, 2005

Hekate, Keys to the Crossroads: a collection of personal essays, invocations, rituals, recipes and artwork from modern witches, priestesses and priests who work with Hekate, the ancient Greek goddess of witchcraft, magick and sorcery, Avalonia, Londres, 2006

Horns of Power: Manifestations of the Horned God, Avalonia, Londres, 2008

Towards the Wiccan Circle: A Self-Study Beginners Course in Modern Pagan Witchcraft / Wicca, Avalonia, Londres, 2008

LIVRES DE DAVID RANKINE

Heka: The Practices of Ancient Egyptian Ritual & Magic, Avalonia, Londres, 2006

Climbing the Tree of Life: A Manual of Practical Magickal Qabalah, Avalonia, Londres, 2005

Becoming Magick: New & Revised Magicks for the New Aeon, Mandrake of Oxford, Oxford, 2004

Crystals Healing & Folklore, Capall Bann Pub, Milverton, 2002

Magick Without Peers, Berks, Chieveley, 1997 (co-écrit avec Ariadne Rainbird)

SOURCEWORKS OF CEREMONIAL MAGIC

SKINNER (Stephen) et RANKINE (David), Volume I – *The Practical Angel Magic of*

____, *Dr John Dee's Enochian Tables*, Golden Hoard Press, Londres, 2004

____, Volume II – *The Keys to the Gateway of Magic*, Golden Hoard Press, Londres, 2005

____, Volume III – *The Goetia of Dr Rudd*, Golden Hoard Press, Londres, 2007

____, Volume IV – *The Veritable Key of Solomon*, Golden Hoard Press, Londres, 2008

Ce livre est dédié aux membres magnifiques de VITRIOL Grove
Et à tous les enfants cachés de StarStone, de la Pierre et des Étoiles.
Soyez bénis.

« Ouvre les yeux, et tu verras que la porte a été ouverte,
et que le monde des dieux est de l'autre côté :
et ton esprit, se réjouissant dans cette vision,
se trouvera attiré plus loin et plus haut. »

— Papyrus magique gréco-égyptien (traducteur inconnu)

SOMMAIRE

FONDATIONS

PRÉPARATION

RITUELS

PERFECTIONNEMENTS

Appendices

1

FONDATIONS

1. QU'EST-CE QUE LA WICCA ?

La Wicca est avant tout une vision du monde et une façon de vivre ; elle est toujours présente dans le regard que vous portez sur le monde, dans la façon dont vous interagissez avec lui. C'est un système expérientiel de magie, de mysticisme et de spiritualité qui travaille avec le divin, sous ses aspects masculin et féminin, tout en mettant l'accent sur la croissance par l'équilibre et la discipline. Cet équilibre, qu'il soit entre la lumière et les ténèbres, entre le féminin et le masculin ou entre l'actif et le passif, agit comme une tension dynamique pour créer l'harmonie et permettre à l'individu de progresser dans son développement en comprenant sa relation avec lui-même et le monde qui l'entoure. La Wicca offre une façon de vivre spirituelle ; son efficacité toute simple et sa beauté naturelle s'associent pour accroître l'attrait qu'elle exerce tandis que nous nous enfonçons dans le XXIe siècle, qui nous bombarde de technologies et d'informations. Elle grandit et elle évolue constamment, satisfaisant le besoin humain de magie, de mysticisme et de spiritualité, tout en remettant la responsabilité de la croissance et de la réalisation spirituelles fermement entre les mains de l'individu.

L'histoire de la tradition

La Wicca, en tant que tradition magique initiatique qui incorpore à la fois des philosophies spirituelles païennes et des pratiques de sorcellerie, a été portée à l'attention du public dans les années 1950 par un fonctionnaire à la retraite du nom de Gerald B. Gardner. Il est cependant impossible de dater précisément l'origine de cette tradition : au fil des années, on a pu affirmer bien des choses contradictoires, mais quand on examine les pratiques attestées aujourd'hui dans la Wicca, ce qui est clair est que la tradition qui porte maintenant ce nom existait très probablement sous une forme ou une autre avant que Gerald Gardner ne s'y intéresse. Nous explorons les origines des pratiques clés dans notre livre *Wicca : aux origines de la magie* en montrant notamment qu'on peut faire remonter certaines d'entre elles à 3000 AEC. Bien d'autres encore semblent dériver des pratiques des magiciens des grimoires du Moyen Âge ou de la Renaissance, additionnées d'un peu de mythologie classique, de sorcellerie britannique et européenne, et d'un peu de magie cérémonielle de l'époque victorienne.

Il est donc clair que la Wicca puise son inspiration dans une grande variété de pratiques, de mythes et de symboles, venus de différentes parties du monde et de différentes périodes de l'histoire, fusionnés et synthétisés pour produire une forme de spiritualité pratique à la fois belle, simple et efficace.

La Déesse et le Dieu

La célébration du divin sous ses aspects féminin et masculin au fil des saisons changeantes de la nature est au cœur de la tradition wiccane, se manifestant par les cérémonies et les croyances de ceux qui la pratiquent. Les divinités de la tradition wiccane peuvent être perçues au travers de multiples philosophies spirituelles et systèmes religieux, tous considérés comme valides à leur manière. Il n'y a pas une seule expression obligée de cette tradition ; ainsi; les wiccans peuvent être monothéistes, polythéistes, panthéistes, hénothéistes ou une combinaison de tout ceci sans qu'on y voie la moindre contradiction. Le divin féminin, ou la Déesse, est associé à la Lune, mais il a aussi des associations stellaires, terrestres et chthoniennes. Le divin masculin, ou le Dieu, est perçu comme un animal cornu, et il est associé au Soleil, aux bois et aux forêts, aux animaux et au monde souterrain, l'inframonde. Aujourd'hui, de nombreux praticiens décrivent aussi les divinités de cette tradition comme faisant partie d'un divin ultime, d'une force unificatrice d'où proviennent les aspects féminin et masculin du divin.

Les huit sabbats

Les wiccans célèbrent les huit festivals saisonniers qui forment ce qu'on appelle la Roue de l'année. Ces festivals marquent les changements des saisons et donnent aux praticiens une compréhension plus intime de la nature.

Les huit célébrations saisonnières, ou sabbats, sont :

- Samhain (Halloween) – 31 octobre
- Yule (solstice d'hiver) – 21 décembre
- Imbolc (Chandeleur) – 1er février
- Ostara (équinoxe de printemps) – 21 mars
- Beltane – 1er mai
- Litha (solstice d'été) – 21 juin
- Lugnasad (Lammas) – 1er août
- Mabon (équinoxe d'automne) – 21 septembre

Notez bien que les dates données ici sont celles utilisées dans l'hémisphère Nord. Dans l'hémisphère Sud, les saisons sont inversées et ne correspondent pas à celles que l'on connaît en Europe. En conséquence, les festivals sont normalement inversés pour correspondre aux saisons du lieu où ils sont célébrés. N'oubliez pas non plus que les dates des solstices et des équinoxes peuvent varier d'une année à l'autre ; c'est pourquoi il est important de consulter un calendrier astrologique pour avoir les dates exactes chaque année.

En plus d'être des célébrations ou des festivals, les sabbats de la Roue de l'année marquent des changements dans toute la nature, dans la vie des plantes et des animaux. Ils représentent aussi un cycle mythique d'expériences de vie pour la Déesse et le Dieu, qui reflète les expériences du cycle de vie humain, démontrant la vérité de l'axiome magique : « Ce qui est en haut est comme ce qui est en bas. »

Esbats

Les esbats sont les cérémonies de pleine lune organisées par les covens pour gérer leurs affaires et pratiquer leur magie. Ils peuvent aussi se tenir à d'autres moments, comme à la nouvelle lune ou à la lune noire si cela convient à la nature du travail magique. À la différence des sabbats, les esbats ne sont pas des célébrations ; ils se concentrent au contraire sur des actes magiques visant des résultats, comme la guérison ou des opérations de dévotion. Alors que dans certaines traditions, on invite des non-initiés ou des membres d'autres covens à célébrer un sabbat, les esbats ne sont d'ordinaire ouverts qu'aux membres du coven qui les dirigent.

Initiation

Les rites d'initiation sont normalement pratiqués par ceux qui travaillent au sein d'un coven. Ils ont pour fonction d'accueillir l'individu dans le groupe et dans la tradition lors d'une cérémonie formelle. Durant une telle cérémonie, le nouvel initié prend un engagement personnel envers la Déesse et le Dieu, mais aussi envers la tradition et le groupe. Il passera par d'autres initiations le long de son cycle d'apprentissage et d'expérience, qui pourront l'amener un jour à quitter son coven d'origine pour établir le sien.

Dans des traditions que l'on appelle aujourd'hui gardnerienne et alexandrienne, il y a trois niveaux d'initiation. Ces trois niveaux sont en général désignés sous le nom de « Premier Degré », « Deuxième Degré » et « Troisième Degré », ce dernier étant la réalisation finale qui octroie l'accomplissement le plus élevé. La plupart des covens de tradition wiccane travaillent dans un système d'initiation à trois degrés, mais certains ont un quatrième stade placé au début, qui est en général appelé « consécration » : une consécration au coven et à l'apprentissage, après quoi le nouveau membre devient un membre en probation du coven où il entreprend une période d'étude et d'intégration avant d'être initié au Premier Degré. Une personne qui passe par ce stade antérieur à l'initiation est parfois appelée « Néophyte » ou « Chercheur ».

Grande Prêtresse et Grand Prêtre

Dans les covens wiccans, les termes « Grande Prêtresse » et « Grand Prêtre » servent à désigner les chefs du coven. Ces personnes seront en général des initiés du Deuxième ou du Troisième Degré, qui ont quitté le coven dans lequel ils ont été initiés pour établir le leur. Ces termes ne concernent pas les praticiens solitaires, car ils impliquent une responsabilité envers les autres. La Grande Prêtresse dirige un coven de sorciers et de sorcières pendant les rituels, mais elle endosse aussi la responsabilité de leur formation et de leur bien-être spirituel général. Le Grand Prêtre l'assiste dans cette tâche, jouant un rôle tout aussi important dans leur formation et leur développement, et l'aidant à organiser des rituels et d'autres réunions. Dans certains cas, un coven peut n'avoir qu'une Grande Prêtresse ou qu'un Grand Prêtre, au lieu des deux à la fois.

Consécration personnelle

Les praticiens solitaires de la tradition wiccane peuvent prendre des engagements initiatiques similaires lors de cérémonies de consécration personnelle. Au cours d'une telle cérémonie, le praticien (ou la praticienne) s'engagent personnellement envers la Déesse et le Dieu, et envers lui-même (ou elle-même), à accomplir son but, qui est d'explorer la tradition wiccane comme voie spirituelle et magique. Bien que cet engagement personnel remplisse une fonction similaire à l'initiation dans un coven, il est important d'insister sur le fait que ces deux choses ne sont pas identiques. La consécration personnelle est une poursuite solitaire, qui se passe entre le praticien et ses dieux, tandis que l'initiation dans un coven se fait en présence des dieux, mais aussi de ses pairs. Chacun doit étudier pour soi-même les avantages et les inconvénients de ces deux voies avant de s'engager.

Il est aussi nécessaire de prendre en compte le fait que si la plupart des membres de covens travaillent aussi en solitaire, certains praticiens solitaires peuvent trouver un coven qui leur convient après des années de pratique solitaire et s'y faire initier. De plus, certains initiés de coven peuvent décider, pour une raison ou pour une autre, que le travail en solitaire leur convient mieux, et se lancer en solo. Certaines personnes passent d'une voie à l'autre ou travaillent concurremment sur les deux pendant toute leur vie. Vous devrez décider par vous-même laquelle convient le mieux à votre mode de vie, à votre développement et à vos besoins.

Vous devez tenir compte du fait que les méthodes d'apprentissage et la façon de faire l'expérience du rituel sont très différentes. Le praticien solitaire devra apprendre ses rituels dans les livres, lors d'ateliers et peut-être en assistant à des cérémonies publiques. L'initié dans un coven apprendra par l'exemple, c'est-à-dire qu'il verra comment le rituel est effectué dans son coven et apprendra par l'expérience. Ceci est souvent complété par une étude et une pratique en solitaire.

Noms sorciers

Durant l'initiation au Premier Degré, ou parfois au cours de sa consécration personnelle, l'individu adoptera un nouveau nom, qui sera utilisé uniquement lors des cérémonies qui se tiennent dans le cercle magique. On appelle ce nom un « nom sorcier », ou « nom dans l'Art », et il est tenu secret. Le nom sorcier représente la persona magique du sorcier ou de la sorcière, et devrait être choisi avec beaucoup de soin, car il vous reflète, vous et vos aspirations. C'est pourquoi il faut être très prudent quand on se sert du nom d'une déesse ou d'un dieu, car ils peuvent voir cela comme une invitation à influencer votre vie et à lui faire prendre des directions que vous ne souhaitez pas. On peut trouver des exemples de l'emploi de tels noms dans les procès en sorcellerie, mais aussi dans les traditions de magie cérémonielle, où l'on adopte à l'initiation un nom ou une devise qui, tout comme le nom sorcier, représente les aspirations du praticien.

La règle wiccane

La Wicca a un code éthique très simple qui est exprimé par ces mots : « Fais ce que tu veux, mais ne nuis à personne. » Cette phrase, appelée la « règle wiccane » (en anglais, *the Wiccan Rede*), a été formulée publiquement pour la première fois par Doreen Valiente en 1964. Elle provient très probablement du célèbre axiome d'Aleister Crowley : « Fais ce que voudras sera le tout de la loi. L'amour est la loi, l'amour soumis à la volonté. » Crowley lui-même s'est inspiré de la phrase de saint Augustin : « Aime, et fais ce que tu veux », et du roman *Gargantua* de François Rabelais

(1534). On dit que le mot anglais *rede* est un ancien mot signifiant « conseil », ce qui est exactement ce que la règle wiccane est censée être : une déclaration philosophique qui a de nombreuses applications et interprétations possibles. Elle vous donne une ligne de conduite personnelle que vous pouvez utiliser à chaque fois que vous devez prendre une décision importante, que ce soit pour des opérations magiques ou dans votre vie quotidienne. Elle met l'accent sur votre responsabilité personnelle pour toutes vos actions. Elle dit : « Attends un peu, est-ce que tu as besoin de faire ça ? Comment tes actions vont-elles t'affecter ? Es-tu sûr de vouloir continuer ? »

La règle wiccane vous aide à réfléchir à la cause et à l'effet, ce qui est essentiel dans le travail magique. C'est à vous de décider si vous devez ou non continuer. Certaines personnes constatent que le sens des mots change pour eux au fur et à mesure qu'ils acquièrent plus d'expérience. De plus, il est important de garder à l'esprit que nuire et faire du mal ne sont pas synonymes. Si vous suivez la règle wiccane, vous devriez vous efforcer d'examiner soigneusement toutes vos actions.

Le livre des ombres

Ce terme, que l'on abrège souvent en LdO, sert à décrire le livre de rituels et de sorts qui est traditionnellement recopié à la main par un nouvel initié à partir de celui de son initiateur. Contrairement à la croyance populaire, il y a de nombreux livres des ombres différents, car chaque sorcier est encouragé à ajouter ses propres rituels et ses propres sorts au livre de sa Grande Prêtresse ou de son Grand Prêtre qu'il a recopié. Quand, à son tour, il le transmettra à ses propres initiés, ce livre sera peut-être nettement différent de ce qu'il a recopié, mais évidemment, une partie des données ne changera pas. On considère que ces LdO, qui sont transmis d'initiateur à initiés et qui peuvent à leur tour le transmettre à leurs propres initiés, sont liés par serment, ce qui signifie qu'ils ne sont pas partagés avec quiconque, ni montrés ou donnés à quiconque qui ne soit pas initié dans la même tradition. En pratiquant ainsi, la Wicca poursuit une longue tradition de livres magiques utilisés par les sorciers et les magiciens. Depuis les livres de sorts et d'incantations des anciens prêtres égyptiens jusqu'aux sorcières romaines et aux grimoires, le livre de pratique et de techniques magiques a une longue histoire bien documentée.

Ceux qui travaillent en dehors des traditions initiatiques établies peuvent choisir de créer leur propre livre des ombres en rassemblant dans le même document, au fil de leurs années de pratique, les cérémonies, les invocations et les sorts dont ils se servent et qu'ils trouvent efficaces. Les praticiens solitaires peuvent le faire en étudiant et en compilant ces données à partir de leur journal magique personnel. Il n'y a aucune raison d'appeler un tel livre un « livre des ombres » et, de même, il n'est pas lié par serment à une tradition particulière : c'est à vous de décider avec qui vous voulez partager les données qu'il contient. Mais comme pour toutes choses, il sera bon de considérer l'axiome magique « se taire » quand vous le faites, car les traditions (comme le fait de lier par serment des documents magiques) sont en général fermement basées sur la connaissance gagnée par l'expérience et pas simplement, comme certains voudraient le faire croire, sur le simple souhait de garder les choses secrètes par amour du secret.

Vêtus de ciel, nus dans nos rites ?

Beaucoup de wiccans effectuent leurs rituels vêtus de ciel, c'est-à-dire entièrement nus, vêtus seulement de la lumière des étoiles et de la lune. On a donné de nombreuses raisons à cela. Dans la « Charge de la Déesse » il est dit : « [...] en signe de véritable liberté, vous serez nus dans vos rites... » Dans ce vers (emprunté à un discours fait par la déesse Diane dans les documents présentés par Charles G. Leland dans *Aradia*), il est question de la liberté personnelle, qui est très importante pour les wiccans.

Travailler vêtu de ciel peut vous aider à surmonter des conditionnements sociaux et des inhibitions personnelles, ce qui peut ensuite vous aider à atteindre une certaine liberté de pensée et d'esprit. Certains ont suggéré qu'il est nécessaire de travailler vêtu de ciel parce que les vêtements peuvent inhiber le flux d'énergie dans le corps. Nous avons personnellement le sentiment que si c'est le cas, il est probablement nécessaire d'apprendre à générer et à diriger l'énergie de façon à ce que les vêtements n'interfèrent pas avec elle, car il n'est pas toujours possible de se déshabiller quand on doit faire un rituel ou diriger de l'énergie. Être vêtu de ciel est optionnel pour les pratiquants solitaires ; ceux qui envisagent de travailler dans un coven devraient se renseigner sur cette pratique avant de se joindre à un groupe. Certains groupes travaillent vêtus de ciel pour tous les rituels, certains ne le font que pour certaines cérémonies et quand le temps le permet, alors que d'autres vont peut-être travailler vêtus de robes dans toutes leurs cérémonies. Dans les covens wiccans initiatiques traditionnels, les nouveaux initiés sont toujours vêtus de ciel lors de la cérémonie du Premier Degré, car elle représente une renaissance dans le coven et dans la tradition. Ici, être vêtu de ciel représente à la fois la confiance entre le coven et le nouvel initié, et le symbole de la naissance elle-même. Les solitaires qui effectuent des rites de consécration personnelle peuvent préférer le faire vêtus de ciel pour cette même raison.

2. LA MAGIE

Ces derniers siècles, on a beaucoup discuté pour savoir si la magie fonctionnait véritablement ou pas. Pour avoir une opinion sur ce sujet, vous devez d'abord définir ce qu'est la magie. Le magicien Aleister Crowley la décrit comme étant « l'art et la science de provoquer des changements en conformité avec la volonté ». Dans l'ancienne Égypte, la magie portait le nom de *heka*, et on disait qu'elle était un don du dieu solaire Rê pour écarter les événements négatifs. On croyait que tout être vivant possédait diverses quantités de *heka* (magie). Ces deux conceptions différentes nous permettent de comprendre que la magie peut être perçue à la fois comme le fait de diriger l'énergie pour accomplir un changement et comme l'énergie elle-même. On fait de la magie de façon efficace en dirigeant efficacement l'énergie vers un résultat désiré, en harmonie avec son environnement. En faisant de la magie, vous faites varier en votre faveur la probabilité que se réalise le résultat que vous désirez. Plus vos sorts et vos rituels sont efficaces et harmonieux, plus il y a de chances que vous obteniez le résultat que vous désirez. Donc la réponse à la question est que oui, la magie fonctionne réellement.

Résistance magique

Quand vous commencerez à pratiquer le rituel wiccan, vous devrez le faire régulièrement, car ces techniques, comme toute nouvelle compétence, doivent être perfectionnées pour que vous puissiez être performant.

Un problème qui survient fréquemment quand on commence à pratiquer est un sentiment de résistance, car l'ego réagit naturellement en s'opposant aux changements. Vous devez vaincre cette résistance pour réussir votre rituel, et c'est un phénomène ordinaire qui peut être récurrent. L'ego humain aime avoir une existence rigide et bien ordonnée, et en pratiquant un rituel magique, qu'il soit wiccan ou autre, vous allez mettre en mouvement des forces de changement.

Quand vous aurez surmonté cette résistance, vous allez peut-être commencer à remarquer des changements en vous-même : vous pouvez vous sentir plus confiant, avoir plus d'énergie et vous sentir motivé à explorer de nouveaux horizons. L'un des buts de la pratique de la Wicca est la réalisation de votre potentiel et le développement d'une compréhension personnelle de votre lien avec la trame du vivant qui est partout autour de vous. En surmontant les obstacles qui sont placés sur votre chemin, vous pouvez réaliser ce potentiel et tendre vers la perfection.

Changements de vie

Vous devriez être conscient que plus vous effectuerez de rituels, plus vos perceptions changeront. Vous serez plus sensible aux énergies subtiles dans le rituel, en vous-même, dans le monde qui vous entoure, chez les autres et dans leur comportement. Ceci peut parfois provoquer des sentiments d'isolement, car vous allez peut-être constater que vous avez de moins en moins de choses en commun avec ceux qui ne partagent pas vos centres d'intérêt. Vous pouvez être amené à douter d'eux et à remettre en question leurs actions.

Il y a ici un piège à éviter. La Wicca peut vous éloigner de vos amis, car votre développement peut vous emmener dans une direction très différente de la leur. Si cela vous arrive, vous devrez l'accepter et ne pas faire de prosélytisme, ni essayer de leur dire à quel point votre voie est merveilleuse ou, pire encore, à quel point elle est meilleure que la leur. Si la Wicca est une voie qui leur convient, ils la trouveront quand le temps sera venu pour eux, tout comme vous. N'essayez pas de les convaincre que vos croyances et vos expériences sont meilleures, et ne les méprisez pas parce qu'ils ne suivent pas la même voie spirituelle que vous.

3. LES QUATRE ÉLÉMENTS

L'Air, le Feu, l'Eau et la Terre : ce sont les quatre éléments qui constituent toutes choses. Ils ne sont pas uniquement physiques ; ils sont aussi des états d'énergie, des états d'être et des concepts philosophiques, et ils font partie intégrante de la tradition wiccane. On peut faire remonter la philosophie des quatre éléments à l'ancien philosophe grec Empédocle, qui a exposé cette idée au ve siècle AEC dans son livre *Tetrasomia* (la Doctrine des quatre éléments). Empédocle a émis l'idée que les quatre éléments n'étaient pas seulement les composantes physiques de l'univers matériel, mais aussi des essences spirituelles. En fait, Empédocle est allé jusqu'à identifier la source des éléments à des divinités grecques, Zeus étant l'Air, Héra la Terre, Hadès le Feu et Nestis (Perséphone), l'Eau. C'est aussi de là que viennent les attributions de l'Air et du Feu comme éléments masculins, et de la Terre et de l'Eau comme éléments féminins. Empédocle a écrit :

> Apprends d'abord les quatre racines de toutes choses :
> Zeus qui brille, Héra qui donne la vie, Hadès et Nestis,
> dont les larmes sont une fontaine de vie pour les mortels.

Empédocle était un magicien herboriste, ou un « coupeur de racines » *(rhizotomoi)*, et il a appliqué sa théorie au développement d'une doctrine des sympathies occultes dans les plantes. Après Empédocle, Aristote, au IVe siècle AEC, a développé davantage les éléments en les présentant comme des essences spirituelles, se concentrant sur leurs qualités et posant les fondations pour des idées ultérieures sur ce sujet.

Afin de comprendre le symbolisme utilisé dans le rituel et le pratiquer de façon efficace, il est important de se rendre compte à quel point les quatre éléments sont importants pour notre existence. Ce sont les constituants de la vie, et pour pratiquer une magie efficace, vous devrez vous familiariser avec leurs interactions et leur présence dans le monde où nous vivons, en vous-même, et aussi vous efforcer de mieux comprendre comment ils opèrent ensemble.

Travailler avec les éléments vous permet de vous équilibrer et de rester centré, et favorise la croissance par la perception des déséquilibres en vous-même (qu'il s'agisse de qualités, d'émotions, d'habitudes, etc.) et des moyens de modifier ces déséquilibres, en travaillant avec eux et en les transmutant.

À chaque fois que vous êtes dans la nature, les éléments sont partout autour de vous. L'air que vous respirez souffle aussi sur vous sous forme de vent, la chaleur du soleil vient du feu de notre étoile, la pluie qui tombe sur vous est l'eau des rivières, des lacs et des océans, et la terre est partout, donnant forme au paysage et à tout ce qui s'y trouve.

Méditer dans différents environnements, comme des bois, le sommet des collines, des champs, le bord de mer ou la berge des rivières, etc., vous aidera à vous mettre en phase avec la manière dont les éléments vous environnent et interagissent avec vous. En fait, passer beaucoup de temps en extérieur, dans un environnement aussi naturel que possible, est un bon moyen de se reconnecter avec la nature et nous conseillons de le faire régulièrement.

Éliphas Lévi, un occultiste du XIXe siècle, a inventé l'axiome magique « savoir, vouloir, oser, se taire », que l'on appelle parfois « la pyramide de pouvoir du sorcier ». On peut associer ces quatre verbes aux quatre éléments, et nous allons les étudier de cette manière dans les sections qui suivent.

L'Air – Savoir

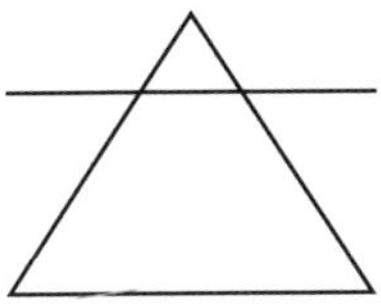

L'Air est le souffle de la vie, nous dynamisant constamment tandis que nous en extrayons l'oxygène pour entretenir le fonctionnement et la vitalité de notre corps. Nous sommes toujours entourés d'air, invisible mais bien présent. Intangible, l'Air est le plus subtil des quatre éléments et il nous relie aux étoiles, comblant l'abîme entre la terre et les cieux.

L'Air représente l'intellect, le pouvoir de la pensée et de la connaissance. L'axiome magique de l'air est « savoir », reflétant son association à la connaissance. Avec la connaissance vient le pouvoir de la communication, pour transmettre cette connaissance. Les mots que nous prononçons, qui sont portés par l'air, constituent la meilleure expression de la communication. La connaissance facilite aussi le développement des compétences par la compréhension et par l'application de la connaissance, et donc l'apprentissage de compétences est lui aussi associé à l'Air.

L'Air est associé à l'inspiration, un terme qui signifie littéralement « prendre de l'air en soi ». Quand nous sommes inspirés, les idées se déplacent dans notre esprit, et le mouvement est une qualité de l'Air, manifestée dans la nature par le pouvoir du vent, qui peut aller d'une douce brise à une tornade furieuse, démontrant sa versatilité. Une autre qualité de l'Air est la clarté, la capacité à percevoir clairement, à analyser les faits puis à faire preuve de discernement, c'est-à-dire à faire des choix en toute connaissance de cause.

L'Air incarne aussi la joie et le bonheur, la légèreté d'esprit que l'on ressent quand on est de bonne humeur. Quand on se sent heureux, on a l'impression d'être « sur un nuage ». L'Air apporte les commencements, comme les vents qui apportent le printemps. L'Air incarne l'espoir d'un jour de printemps, la clarté d'une vive inspiration, la joie d'une brise rafraîchissante, la liberté d'un oiseau qui plane dans le vent. Il est associé à la qualité de discernement, à la logique et à l'aptitude à analyser, à avoir une vision d'ensemble, comme si on avait une vue aérienne des choses, et à la sagesse de l'expérience.

La mémoire est une autre qualité aérienne, et ce n'est pas un hasard si le sens de l'odorat, la capacité à reconnaître les odeurs véhiculées par l'air, est connu pour faciliter l'évocation des souvenirs, plus que tout autre sens.

Couleurs	Blanc, jaune
Moments	Aube, printemps
Direction	Est
Genre	Masculin
Sens	Odorat
Outils	Baguette, bailine, encensoir
Instruments	Flûtes, flûte de Pan, instruments à vent
Cristaux	Agate, calcédoine, citrine, kunzite, lapis-lazuli, opale, saphir, sodalite, turquoise
Parfums	Benjoin, eucalyptus, lavande, pin
Élémentaux	Sylphes
Gouverneur élémental	Paralda
Archange	Raphaël
Planètes	Mercure, Jupiter, Uranus
Signes du zodiaque	Verseau, Gémeaux, Balance
Qualités positives	Analyse, bonheur, clarté, discernement, espoir, inspiration, joie, logique, résolution, sagesse
Qualités négatives	Anxiété, dispersion, impulsivité, indécision, insécurité, paranoïa, peur, préjugés

Le Feu – Vouloir

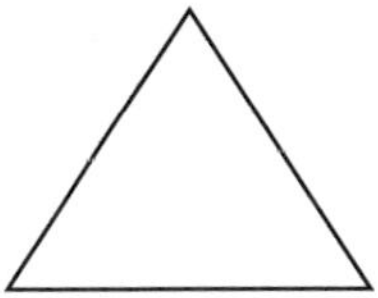

Le Feu est le grand transformateur. C'est celui des quatre éléments dont la présence autour de nous sur terre est la moins évidente ; mais l'une des expressions du Feu est la lumière, qui nous permet de voir. C'est le deuxième élément le plus subtil après l'Air ; il danse et volette, bondissant vers les hauteurs avant de redescendre et de disparaître. C'est probablement pour cette raison qu'on le désigne parfois comme « l'élément vivant ». L'axiome magique associé au Feu est « vouloir », ce qui reflète ses qualités créatrices, dynamiques et énergiques. Nous recevons l'illumination par la lumière du feu, et elle nous permet aussi de voir notre chemin, rendant possible le processus de transformation dont le feu facilite le déroulement. C'est le pouvoir de la volonté qui nous maintient sur la voie de la réussite.

Le Feu est aussi associé au courage et à la liberté. Pour être libre, nous devons faire preuve de courage, et être prêts à nous servir de notre créativité et de notre motivation pour réussir. Le Feu nous donne envie d'atteindre nos objectifs et de maîtriser nos passions.

Le Feu peut être créateur ou destructeur, et ceci se voit clairement dans la nature. Un feu de forêt peut sembler dévastateur au premier abord, mais de nombreuses plantes ont en fait besoin du feu dans leur cycle de vie pour garantir leur survie ; c'est un fait que la recherche scientifique a clairement établi ces dernières années.

Le feu brûle et nous rappelle l'importance du contrôle. Quand il est utilisé correctement, le feu fournit lumière et chaleur, et il peut servir pour la cuisine et la protection. En revanche, si on le laisse se développer hors de tout contrôle, il peut devenir terriblement destructeur. De la même manière, le Feu représente notre volonté et nos passions. Si elles sont contrôlées, elles peuvent être créatives et constructives, nous permettant de nous développer et de faire de grandes choses. Mais si nous les laissons échapper à notre contrôle, nous pouvons avoir un comportement obsessionnel ou violent.

Le Feu est probablement l'élément le plus difficile à aborder ; ses pouvoirs de création et de destruction sont contenus dans la moindre flamme. Le Feu représente la transformation, tant dans les substances qui brûlent que dans son environnement, car les flammes apportent lumière et chaleur. Le feu brûle avec une passion et une énergie qui se reflètent dans l'esprit humain. La pureté du feu est comme notre motivation et notre volonté, l'envie de réussir et de briller de notre propre lumière. C'est par la lumière du feu que nous recevons l'illumination dont nous avons besoin pour suivre notre voie ; il nous donne l'énergie de maîtriser nos passions et de nous efforcer d'atteindre nos objectifs. Le feu peut s'embraser soudainement et mourir tout aussi rapidement, et ses flammes apportent la spontanéité. La danse du feu nous rappelle la danse de notre propre vie. C'est en été que la chaleur des rayons du soleil se fait le plus sentir, et que l'énergie du Feu emplit notre corps et notre vie. Nous passons à l'action, motivés par l'accroissement de la lumière à faire plus de choses et à exprimer le feu de notre volonté en parvenant à atteindre nos buts.

Couleurs	Orange, rouge
Moments	Midi, été
Direction	Sud
Genre	Masculin
Sens	Vue
Outil	Athamé
Instruments	Crécelle, sistre

Cristaux	Ambre, calcite (orange), grenat, héliotrope, obsidienne, rubis, spinelle, topaze
Parfums	Basilic, cannelle, oliban, gingembre, hysope, genévrier, romarin
Élémentaux	Salamandres
Gouverneur élémental	Djin
Archange	Michaël
Planètes	Mars, Soleil
Signes du zodiaque	Bélier, Lion, Sagittaire
Qualités positives	Courage, créativité, envie, énergie, liberté, lumière, motivation, passion, pouvoir, purification, réussite, transformation, volonté
Qualités négatives	Colère, cruauté, égoïsme, peur, possessivité, vengeance, violence

L'Eau – Oser

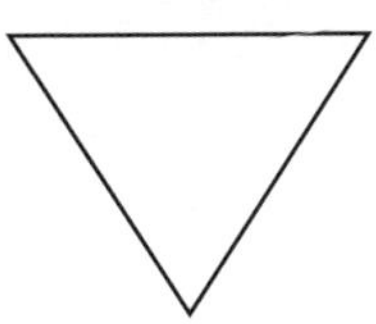

C'est dans l'eau que toute vie a commencé. L'eau est essentielle à la vie, et comme le feu, elle peut être à la fois nourricière et destructrice. Dans la nature, l'eau est partout autour de nous, sous la forme de pluie, de cours d'eau, de lacs et d'océans, recouvrant une bonne partie de notre planète et constituant l'essentiel de notre corps. Les mers ont des marées, et ceci reflète notre vie, qui connaît elle aussi des hauts et des bas.

L'axiome magique de l'Eau est « oser », ce que nous devons faire si nous voulons contrôler nos émotions et ne pas nous laisser emporter par elles, comme par un raz-de-marée. Nous devons aussi oser dépasser les frontières de nos apprentissages et de nos expériences, une autre étape importante sur toute voie magique.

L'Eau peut représenter à la fois la sérénité, comme la surface calme et plane d'un lac, ou l'énergie sexuelle et l'amour, qui peuvent changer comme la mer.

Comme l'air, l'eau transporte des choses, et ceci est reflété dans le sens qui lui est associé, le goût, qui nous dit si nous voulons ou non manger ou boire quelque chose. La qualité onirique de la lumière du soleil ou de la lune qui étincelle sur l'eau indique aussi une autre association de cet élément : celle des rêves. Nos rêves sont des messages venus des profondeurs de notre inconscient, s'élevant à la surface de notre conscience comme une baleine remontant des profondeurs. La mer est perçue comme un « espace intérieur », ce qui met l'accent sur les profondeurs aquatiques et l'inconscient.

Nos émotions ont aussi des hauts et des bas, comme les vagues de la mer, et elles peuvent être aussi sereines qu'un lac tranquille ou aussi sauvages et dévastatrices qu'un tsunami. L'eau peut être nourricière, comme « les eaux de la vie », ou elle peut représenter la mort, le voyage dans l'inconnu au-delà du monde physique, qui a toujours été représenté comme un voyage sur l'eau. C'est pourquoi elle peut aussi représenter la renaissance et la compassion résultant de l'acceptation des changements inévitables.

L'eau est unique en ceci qu'elle peut être solide (la glace), liquide ou gazeuse (la vapeur d'eau). Sa capacité à changer d'état reflète sa qualité de transformation et sa faculté à s'adapter à la condition appropriée, d'où le dicton « L'eau trouve toujours un chemin. » En automne, nous rencontrons l'élément Eau dans les pluies qui tombent et dans le sentiment de changement qui emplit l'air qui nous entoure, comme la marée du cycle de l'année qui commence à redescendre.

Couleur	Bleu
Moments	Crépuscule, automne

Direction	Ouest
Genre	Féminin
Sens	Goût
Outil	Calice
Instruments	Orgue à eau
Cristaux	Améthyste, aigue-marine, béryl, corail, kyanite, pierre de lune, perle, prase, quartz, tourmaline
Parfums	Camphre, eucalyptus, géranium, jasmin, lotus, santal, ylang-ylang
Élémentaux	Ondines
Gouverneur élémental	Niksa
Archange	Gabriel
Planètes	Lune, Neptune
Signes du zodiaque	Cancer, Poissons, Scorpion
Qualités positives	Compassion, confiance, émotions, empathie, encouragement, intuition, mort, renaissance, rêves, sérénité, sexualité
Qualités négatives	Chagrin, haine, jalousie, malveillance, traîtrise, tromperie

Terre – Se taire

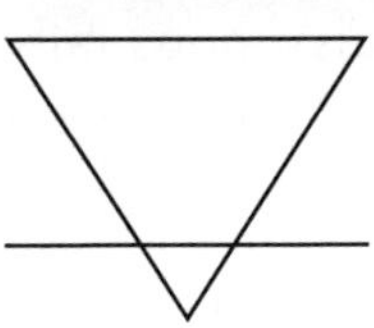

La Terre nous donne la solidité du monde physique que nous habitons. La Terre est le plus solide des éléments, et elle est donc associée à des qualités comme l'endurance, la patience, la tolérance et la résistance. La Terre est aussi associée à la sensualité, ce qui se reflète dans les plaisirs de l'activité physique.

Le sens du toucher est associé à la Terre ; nous disons que nous sommes en contact avec quelqu'un quand nous maintenons un lien entre nous. L'axiome magique de la Terre est « se taire », ce qui décrit la calme résistance de la Terre que vous pouvez ressentir quand vous vous tenez au sommet d'une montagne, ou même dans un champ, et qui se reflète dans le silence intérieur de la méditation et de la contemplation.

Le silence de la Terre reflète son absence de jugement, mais cette absence même d'égoïsme nous encourage à faire de même, à être responsables dans nos actions, à essayer d'embellir notre monde et à le laisser meilleur que nous l'avons trouvé. Le silence d'un jour d'hiver, quand le monde est recouvert de neige, même quand l'eau, transformée en glace et en neige, est devenue aussi solide que la terre, montre l'élément Terre au sommet de son intensité.

La Terre est un élément nourricier, nous offrant la nourriture que nous mangeons et les matériaux dont nous nous servons pour construire nos maisons ; et elle est aussi le sol sous nos pieds. La Terre nous enseigne que par le dévouement, la patience et le travail, tout est possible.

La Terre met aussi l'accent sur l'altruisme et la responsabilité. Pour vivre dans un environnement physique agréable, il nous faut agir de façon responsable et dans l'intérêt de notre communauté. Nous devons savoir nous taire, mais aussi nous faire entendre pour défendre notre environnement ; et donc, savoir quand ne pas se taire.

La Terre est le plus solide et le plus physique des éléments. Elle nous donne forme et nous marchons et nous vivons sur la terre qui est sous nos pieds. Elle nous donne la force et l'endurance de la matière. Par la matérialité de la Terre, nous mangeons, nous travaillons, nous faisons l'amour et nous donnons naissance. La terre est la nourricière, la matrice et la tombe, nous soutenant patiemment et fermement dans tout ce que nous faisons.

La Terre est aussi la nature, et tout ce que nous faisons a un effet sur qui nous sommes et sur notre environnement. La Terre est l'élément le plus sous-estimé, mais elle est notre demeure qui subvient à tous nos besoins.

Couleurs	Marron, vert
Moments	Minuit, hiver
Direction	Nord
Genre	Féminin
Sens	Toucher
Outil	Pentacle
Instruments	Tambour, instruments à percussion
Cristaux	Ambre, aventurine, chrysocolle, émeraude, fluorite, jadéite, jais, magnétite, malachite, néphrite, onyx, quartz fumé, staurolite, zoïsite
Parfums	Cèdre, myrrhe, patchouli, pin, vétiver
Élémentaux	Gnomes
Gouverneur élémental	Ghob
Archange	Uriel
Planètes	Pluton, Saturne, Vénus
Signes du zodiaque	Capricorne, Taureau, Vierge
Qualités positives	Altruisme, calme, endurance, fermeté, force, humilité, patience, responsabilité, sensualité, tolérance
Qualités négative	Besoin d'attirer l'attention, dépression, domination, entêtement, gourmandise, inertie, mélancolie, paresse

L'Esprit – Aller ou devenir

L'Esprit, le plus intangible des éléments, n'existe que quand les quatre autres sont en équilibre. Il représente l'essence créative de la croissance et de la reproduction qui imprègne toute vie. C'est l'étincelle divine de l'âme qui réside en nous tous et qui nous unit. La trame de l'existence rassemble toute vie dans l'élément de l'Esprit. L'Esprit nous donne l'impulsion nécessaire pour grandir, pour transcender nos limites et réaliser notre potentiel, pour découvrir nos talents et nous en servir. L'Esprit est aussi relié aux sens psychiques, qui sont un moyen de recevoir les énergies subtiles qui circulent dans la trame de l'existence, entre nous tous. Plus une personne devient « spirituelle », plus elle est en phase avec son environnement. L'axiome magique de l'Esprit est « aller ou devenir », ce qui indique le sens du mouvement évolutif relié à l'Esprit. Le fait d'aller est en rapport avec le voyage magique de la découverte de soi, pas du simple mouvement physique. Après tout, vous pouvez accroître votre conscience en restant assis tranquillement pour méditer.

Couleurs	Noir, violet, blanc
Moment	Hors du temps
Sens	Ouïe
Outils	Cloche, chaudron, épée
Instrument	Voix
Cristaux	Améthyste, diamant, kunzite, jadéite, labradorite, opale, perle, saphir, tourmaline, zircon
Parfums	Oliban, lotus
Archange	Métatron
Qualités positives	Énergie vitale, évolution, harmonie, sixième sens, transcendance, transformation
Qualités négatives	Aucune

4. LA DÉESSE

Car je suis le ventre de la Terre et l'âme des arbres
Je suis le chaudron des eaux primordiales
Où les rêves sont créés.
Puissiez-vous dans mon cœur sentir mon extase
Et comme mon âme voler tel un aigle
Par les vents de l'espace et du temps.
Car je suis tout ce qui n'a jamais été
Et tout ce qui sera jamais.
Je suis le pont qui mène au ciel,
L'arc-en-ciel dans la matrice
Je suis la joie dans les étoiles d'argent
Qui brillent dans le ciel nocturne.
Aum.
C'est la fin.
Et c'est le commencement.

Les wiccans partagent une croyance en une Déesse et un Dieu, un divin féminin et un divin masculin. Celle-ci est enracinée dans les croyances d'anciennes cultures où il y avait beaucoup de divinités féminines comme masculines. En Wicca, on fête la Déesse et le Dieu à chacun des festivals saisonniers, et on les appelle lors de rites de dévotion et de magie tout au long de l'année.

Dans certaines traditions wiccanes, on choisit une Déesse et un Dieu spécifiques comme divinités tutélaires, et un coven ou un individu peuvent travailler uniquement avec ces divinités. Les divinités populaires parmi les wiccans comprennent les déesses Aradia, Diane, Artémis, Hécate, la Morrigan, Cerridwen, Arianrhod, Brigid et les dieux Cernunnos, Pan, Hadès, Gwyn ap Nudd, Hermès, Herne et Apollon.

Dans certains cas, une personne ou un groupe peut travailler avec des déesses et des dieux autres que leurs divinités tutélaires, ou travailler exclusivement avec un seul panthéon spécifique. Certains nomment ces divinités « le Seigneur et la Dame », ou simplement « Déesse et Dieu », au lieu de les désigner par leur nom. Dans certaines traditions, les noms sont considérés comme liés par serment, comme ils l'étaient dans les anciennes traditions des temples d'Égypte, de Grèce et de Rome.

Le féminin divin est perçu comme étant omniprésent et immortel, et dans la Wicca, il est souvent vu comme principalement associé à la Lune, mais aussi aux étoiles, à la Terre et à l'inframonde. Elle est considérée comme la créatrice qui a donné naissance au dieu, puis s'est jointe à lui en une union sacrée pour créer l'univers et la vie qui s'y trouve. On peut voir ceci dans la phrase du *Liber Al* de Crowley : « Je suis toujours divisé pour l'amour, pour l'opportunité d'une union. »

Ses aspects stellaires, comme la déesse celtique Arianrhod, la déesse égyptienne Nout et la divinité grecque Nox, représentent la Déesse comme la totalité de toute vie, contenant le tout dans son corps. En tant que déesse lunaire, sous des aspects tels que les divinités grecques Artémis et Séléné et la déesse romaine Diane, elle représente les mouvements cycliques de la vie, symbolisés par les phases de la lune.

En tant que déesse de la Terre, comme les déesses grecques Gaïa et Déméter, la déesse romaine Cérès et la déesse celtique Cerridwen, elle représente la fertilité de la nature et de la terre. En tant que déesse de l'inframonde, comme les divinités grecques Perséphone et Hécate et la déesse sumérienne Ereshkigal, elle représente la transformation de la mort et de la renaissance, comme une graine qui se relève du sol.

En tant que déesse transcendante, comme la Shékinah hébraïque, la Sophia gnostique et la déesse égyptienne Maât, elle représente la vérité, l'équilibre et la sagesse du divin, et elle unifie le concept de la déesse omniprésente avec l'étincelle divine en chacun de nous.

Le lien au divin est un élément important de la pratique wiccane. Il nous rappelle que nous nous efforçons d'atteindre la perfection en nous-mêmes et en tout ce que nous faisons. En travaillant avec la Déesse et le Dieu, nous cherchons à améliorer en nous-mêmes les qualités qu'ils manifestent, tout comme les anciens magiciens le faisaient par la théurgie.

5. LE DIEU CORNU

Je suis corne et je suis pierre
Je suis sang et je suis os
Éclatant de pouvoir, je m'élève et je retombe
Toute la nature répond à mon appel
Je mène la danse et j'anime la terre
En ma main la magie sauvage
Je suis le seigneur de tout ce qui est libre
Je suis l'éclair et je suis l'arbre.

Dans la Wicca, on voit souvent le Dieu sous trois principaux aspects : le Dieu cornu des bois sauvages, le Roi solaire et le Terrible Seigneur des Ombres. Le Dieu est le consort de la Déesse, son amant et son fils qui meurt et qui renaît chaque année par son amour, comme nous en faisons l'expérience dans le changement des saisons de la nature.

Le Dieu est perçu par certains comme moins important que la Déesse. Cependant, il est nécessaire de se souvenir que la Wicca recherche l'équilibre, ce qui inclut la polarité et l'équilibre des énergies entre la Déesse et le Dieu, le féminin et le masculin.

Dans ses divers aspects, le Dieu met l'accent sur les qualités masculines positives, et peut nous aider à surmonter les stéréotypes négatifs du masculin et du divin masculin qui peuvent provenir d'un conditionnement religieux et social antérieur ou de mauvaises expériences.

En tant que Dieu cornu, il représente la sauvagerie de la nature, le pouvoir fertilisant de l'action consciente. Des dieux comme les divinités celtes Cernunnos, Herne et Gwyn ap Nudd, ou le dieu grec Pan, incarnent cet aspect.

Il est un dieu solaire, comme les dieux grecs Hélios et Apollon, le dieu romain Sol et le dieu celtique Bélénos, donc il représente les rayons donneurs de vie et de lumière du soleil.

Le Terrible Seigneur des Ombres, dieu de la Mort et de la Résurrection, est le dieu du réconfort et de la transformation qui guide l'âme dans les étapes de son changement. Il est représenté par des dieux comme Hadès en Grèce, Osiris en Égypte et Gwyn ap Nudd en terre celtique.

Le Dieu solaire et le Terrible Seigneur des Ombres sont parfois vus comme gouvernant les moitiés lumineuse et obscure de l'année. Deux fois par an, ils luttent l'un contre l'autre pour obtenir le contrôle de la partie de l'année à venir et être, dans le même temps, le consort de la Déesse.

Chaque pratiquant a sa propre perception de la nature de la Déesse et du Dieu, car il n'y aucune vision déterminée. Les wiccans peuvent être polythéistes, duothéistes, hénothéistes, animistes, panthéistes ou même une combinaison de tout cela. Comme la Wicca n'impose aucun point de vue théologique à ses pratiquants, nous sommes libres de percevoir le divin selon la compréhension que nous en avons. Nous pouvons également en changer si nous développons une nouvelle compréhension ou si nous avons d'autres inspirations.

6. LES ANCIENS

Salut Anciens,
Anciens du temps et de l'espace
Vous qui étiez avant le premier souffle
Vous qui serez après la dernière braise.
Salut, esprits qui résidez dans l'arbre, le roc et le lac.
Salut, dryades, nymphes et gardiens des sites sacrés.
Salut, esprits de mes ancêtres,
Vous qui avez parcouru ces chemins avant notre premier souffle
Et dont la sagesse coule dans nos veines
Nous sommes vous, et vous vivez en nous.
Salut à vous !

Les Anciens, parfois appelés les Intemporels ou les Oubliés, font partie intégrante de la trame de forces qui imprègne la nature. Le terme « Anciens » est utilisé pour décrire collectivement toute une catégorie d'êtres. Il inclut nos ancêtres, les *genii locorom* (« esprits des lieux ») ou gardiens de sites, et les esprits de la nature comme les dryades et les hamadryades (dans les arbres) ainsi que les nymphes (dans les plans et les cours d'eau).

La pratique du travail avec les Anciens trouve son origine dans les formes traditionnelles de sorcellerie, mais de nombreux wiccans l'ont aussi incorporée dans leurs rituels. Les Anciens peuvent être vus comme représentant l'aspect libre et sauvage de la Wicca, le plaisir de la danse sous la lune argentée, nous reliant à la terre et à nos ancêtres qui sont venus avant nous.

Les Anciens peuvent servir de portail vers les aspects les plus subtils de la nature, vous aidant à mieux apprécier et à mieux comprendre la nature sauvage. Les Anciens apportent avec eux un sentiment de liberté et de créativité qui peut remplir le cercle comme une brise de printemps chargée de l'odeur fraîche de l'aubépine. Ils inspirent la poésie, la musique et la danse, et vous aident à vous libérer de votre moi social et à vous intégrer à la nature, coulant avec les marées et les courants de la terre, de la mer et du ciel.

Pour vraiment apprécier les Anciens et toutes les forces qu'ils incarnent, vous devriez essayer de travailler avec eux dans divers sites, dans différents environnements, comme des bois, des lacs, des montagnes, le rivage de la mer, des cercles de pierre ou des chambres funéraires, etc. Vous pouvez même faire d'eux le point focal de votre rituel et effectuer des opérations uniquement avec eux, sans appeler de divinités.

7. LE RITUEL WICCAN

Le rituel wiccan, tel que nous le connaissons aujourd'hui, trouve son origine dans des rituels qui ont été popularisés et développés par Gerald B. Gardner à la fin des années 1940 et dans les années 1950, avec l'aide de prêtresses comme Doreen Valiente. Le résultat de son travail et de celui des personnes qui lui ont succédé dans les années 1960 et 1970, comme Alex et Maxine Sanders, est la structure dont nous disposons aujourd'hui pour pratiquer le rituel utilisé par des covens, des individus et de nombreux autres groupes néopaïens dans le monde entier. Non seulement il est utilisé dans des covens et des traditions de la Wicca, mais nous l'avons vu pratiqué par des groupes reconstructionnistes égyptiens, des groupes féministes, des lycées de la Fellowship of Isis (« la communauté d'Isis »), des druides et même des magiciens du Chaos !

On a pu dire que le rituel était la technologie du sacré, et comme pour toute technologie, il change constamment pour s'adapter aux circonstances, de sorte que les rituels des diverses traditions subissent une évolution constante, en fonction de chaque individu ou de chaque groupe qui les pratique. Aujourd'hui, il existe très peu de groupes qui adhèrent strictement aux rituels présentés par Gerald Gardner pour ses propres covens. Au lieu de cela, chaque individu enrichit et modifie les rituels pour qu'ils conviennent à ses besoins personnels.

Pour cette raison, il n'y a pas deux covens exactement identiques, et même au sein d'une seule tradition, il peut y avoir de nombreuses différences significatives. Les personnalités, les énergies et les centres d'intérêt des individus faisant partie d'un groupe garantissent qu'il n'y aura pas deux rituels identiques, même si deux groupes effectuent exactement le même rituel.

À chaque fois que vous faites de la magie, vous devez comprendre ce que vous faites et pourquoi vous le faites, et faire attention à ce qui fonctionne ou non pour vous. Ainsi, vous garantissez une progression évolutive, au lieu d'amoindrir ce qui est déjà un excellent système.

Une fois que vous avez compris le symbolisme et les techniques, il est facile d'adapter des rituels pour qu'ils conviennent à vos besoins et à vos goûts. Mais pour atteindre cette compréhension, vous devrez d'abord apprendre et pratiquer les rituels, un processus qui peut prendre un certain temps. En effet, si vous ne comprenez pas le symbolisme et le but de chaque composante du rituel, vous n'êtes pas qualifié pour décider si une partie est obsolète ou inutile. Ce serait comme conduire une voiture avec deux pneus à plat : la voiture se déplacerait et pourrait même continuer de le faire pendant un certain temps, mais ce n'est certainement pas quelque chose de souhaitable ! Bien sûr, il y a des composants du rituel qui peuvent être adaptés, modifiés, omis, développés et plus encore ; mais avant de le faire, commencez par vous assurer de comprendre pourquoi ils sont là.

Au début, faites les choses d'une manière qui a été éprouvée. Il peut s'agir de la méthode qui vous a été enseignée par un maître ou un groupe, ou que vous avez apprise dans des livres. Réfléchissez bien au symbolisme et à la fonction du moindre petit détail du rituel, et assurez-vous de les comprendre. Lorsque vous aurez atteint ce point, vous devriez pouvoir facilement l'adapter à vos préférences et à vos besoins, et même écrire des rituels tout à fait personnels, créatifs, inspirants et uniques.

Dans nos propres covens, nous effectuons souvent des travaux sous format libre avec grand succès, mais chaque membre apprend d'abord les formes traditionnelles des rituels et doit les maîtriser parfaitement.

En suivant cette approche, vous pouvez décider de ce qui vous convient le mieux car vous avez fait l'expérience de plusieurs façons de pratiquer les différentes composantes du rituel. De plus, cela vous permettra d'adapter et de rédiger vos propres rituels originaux avec une compréhension et une expérience approfondies du symbolisme magique, au lieu d'écrire des rituels qui ne sont que des formes vides, impressionnantes en apparence, mais dont les paroles et le symbolisme sont dénués de sens !

Le rituel wiccan consiste en une structure de base. Il y a une ouverture formelle, une fermeture formelle et certaines activités qui sont effectuées dans presque tous les rituels. Dans cette structure, il y a de la place pour beaucoup de liberté et d'expression créatrice, tant pour les groupes que pour les individus.

Le rituel wiccan n'est en aucune façon dogmatique, et ce n'est pas non plus une liturgie. Il suit cependant un plan défini ; c'est ce plan qui en fait le rituel wiccan, plutôt que le rituel d'une autre tradition. Il n'y a aucune restriction sur la façon dont vous devriez pratiquer vos rituels : vous n'êtes limité que par votre compréhension, votre connaissance et votre interprétation créatrice personnelle des rituels, de leur fonction et de leur symbolisme.

La structure du rituel

- Préparation de l'espace rituel
- Préparation et purification des participants
- Purification de l'espace rituel
- Tracé du cercle magique
- Invocation des Gardiens des Tours de Guet
- Invocation de la Déesse

- Invocation du Dieu
- Travaux magiques – divination, guérison, sorts, etc.
- Gâteaux et vin
- Rite de départ pour le Dieu
- Rite de départ pour la Déesse
- Renvoi des Gardiens des Tours de Guet
- Ouverture du cercle

La Wicca a été conçue comme une tradition rituelle, c'est-à-dire que par la pratique de certains rituels, nous atteignons des états mystiques qui peuvent déclencher des expériences directes du divin. Tous les outils, symboles, actions, paroles et pensées dont vous vous servez en rituel ont un but : celui de concentrer votre volonté afin de diriger de façon précise et efficace votre intention vers l'accomplissement du but du rituel.

Au premier abord, la structure du rituel peut sembler restrictive et convenue, mais c'est exactement le contraire. En utilisant toujours la même méthode pour créer un espace sacré à chacune de nos cérémonies, nous développons notre expérience et notre connaissance du rituel et du symbolisme utilisé au fur et à mesure que nous gagnons en expérience. Nous pouvons ainsi nous concentrer sur le contenu du rituel plutôt que sur la création de l'espace sacré lui-même, et donc consacrer plus de temps et d'énergie à notre relation avec les divinités, à notre apprentissage, à nos expériences et aux résultats que nous obtenons.

L'autre avantage qu'il y a à utiliser toujours la même formule rituelle est qu'en étant ainsi exploitée par un grand nombre de personnes au fil du temps, cette formule acquiert un pouvoir intrinsèque, comme une dynamo qui est chargée par l'usage, stockant l'énergie comme une batterie pour qu'on puisse y puiser. En travaillant dans un courant magique existant, comme la tradition wiccane, vous suivez un chemin bien balisé, facile à suivre, même s'il est toujours essentiel de regarder où vous allez et de faire attention où vous mettez les pieds.

C'est pourquoi, quand vous préparez votre rituel, vous devez commencer par définir clairement son objectif. Le rituel est une expérience très puissante car il contribue à restaurer un sens du sacré, et il agit comme un portail entre le monde physique ordinaire où nous vivons et les mondes subtils invisibles des dieux et des êtres spirituels. Donc, quand vous vivez l'expérience puissante que le rituel peut générer, il est très utile d'avoir un but bien défini.

Il est inutile d'investir de l'énergie dans un rituel que vous effectuez uniquement pour la forme. Réfléchissez à ce que vous essayez d'accomplir : est-ce que ce sera un rituel de célébration pour marquer le changement des saisons, un rituel de dévotion ou un sort pour un résultat spécifique, ou encore est-ce que vous faites ce rituel dans l'intention d'effectuer une divination ? Ou même une combinaison de plusieurs de ces objectifs ?

Avoir une intention claire pour chaque rituel que vous effectuez vous aidera à approfondir votre compréhension et vous donnera un sentiment d'accomplissement une fois que vous aurez atteint les buts que vous vous êtes définis.

Dans un rituel, il est important d'utiliser une formulation précise, et le symbolisme que vous y incluez doit être tout aussi précis. La précision ne signifie pas nécessairement que vous devez tout dire à la perfection, mais que vous devez savoir ce que vous dites et qu'il ne doit pas y avoir d'ambiguïtés. Les dieux ont tendance à avoir un certain sens de l'humour quand il s'agit de tout cela, et le dicton « Faites attention à ce que vous souhaitez, vous pourriez bien l'obtenir » est très courant parmi les sorciers et les sorcières, en particulier chez ceux et celles qui en ont fait l'expérience de première main ! Il en va de même pour le symbolisme :

assurez-vous de ne pas brouiller le but que vous vous êtes fixé en utilisant des correspondances inappropriées !

La magie que vous faites, qu'il s'agisse d'un sort ou autre, va mettre en mouvement des forces de changement, des changements qui vont vous affecter. Assurez-vous que vous êtes à la fois prêt et capable d'accepter ces changements et les effets qu'ils vont provoquer, et de bien réfléchir à tous les résultats possibles avant de pratiquer votre magie. Vous désirez peut-être certains changements dans votre vie, mais assurez-vous d'être prêt à les accueillir quand ils se produiront !

8. LES OUTILS RITUELS

On peut utiliser de nombreux outils différents dont on peut se servir dans le rituel wiccan. Parmi les outils standard, ceux qui sont utilisés le plus fréquemment sont ceux qui correspondent aux éléments. Il s'agit de l'athamé (Feu), de la baguette (Air), du calice (Eau) et du pentacle (Terre). Il y a aussi d'autres outils basiques : l'encensoir (Air), le fléau (Feu), les cordes, le bailine (Air) et l'épée (Esprit).

Les outils servent à concentrer les énergies d'un rituel d'une façon particulière qui convient à un moment spécifique. C'est pourquoi l'épée, l'athamé ou la baguette, qui sont des outils directeurs, sont utilisés pour tracer le cercle tandis que le pentacle, qui est un outil récepteur, est utilisé comme base pour les consécrations, et le calice, un autre outil récepteur, pour contenir le vin.

En plus d'être fonctionnels, les outils sont aussi symboliques et comprendre leur symbolisme peut enrichir et valoriser vos rituels. Si vous ne comprenez pas celui d'un outil, vous risquez de mal interpréter les rituels et de ne pas comprendre ce que vous pratiquez.

Pour apprécier le symbolisme de vos outils, vous pouvez méditer sur eux avant de les utiliser. Ceci présente également l'avantage de vous mettre en phase avec chacun d'eux, de vous familiariser avec eux comme avec de vieux amis ou des extensions de vous-même. Vous devriez méditer sur chaque outil tour à tour, jusqu'à l'avoir fait pour tous.

Tenez l'outil en main et regardez-le. Étudiez sa forme, sa composition, ce à quoi il va vous servir et ce qu'il symbolise. Fermez les yeux et prenez le temps de sentir l'énergie de l'outil. Quelles impressions en retirez-vous ? Comment vous sentez-vous en le tenant ? Faites-le autant de fois que vous le souhaitez, jusqu'à sentir que vous appréhendez bien la nature de l'outil et que vous vous sentez fortement en phase avec lui.

Nous allons étudier tour à tour l'emploi et le symbolisme de chaque outil rituel pour clarifier leur signification.

L'athamé

Élément	Feu
Symbolismes	La « véritable volonté » du propriétaire, phallique, pouvoir personnel
Emplois rituels	Consécrations, tracer un cercle, diriger les énergies

L'athamé traditionnel est une dague à manche noir, en général avec une lame à deux tranchants, que l'on appelle parfois simplement le couteau à manche noir. L'athamé est souvent décrit comme « la véritable arme de la sorcière », ce qui est une bonne description car il représente le pouvoir personnel de l'individu, le pouvoir de l'esprit, la concentration et le discernement. Le terme d'arme est utilisé ici pour indiquer sa fonction de création du cercle protecteur et de traçage des pentagrammes aux quatre points cardinaux pour accroître le pouvoir et la capacité protectrice du cercle magique.

On considère en général que l'athamé représente l'élément Feu, mais certaines traditions l'attribuent plutôt à l'élément Air. L'argument utilisé pour attribuer l'athamé au Feu est qu'il a une lame d'acier qui est forgée dans le feu et qu'il représente la volonté de l'individu, qui est aussi associée à cet élément.

L'athamé représente la volonté du sorcier ou de la sorcière qui le manie (souvenez-vous que l'axiome magique du Feu est « vouloir ») et, pour cette raison, à la différence de ce qui se passe pour tous les autres outils magiques, il y aura un athamé dans le cercle magique pour chaque sorcier ou sorcière qui s'y trouve. Dans le rituel, l'athamé est une arme active. Il sert souvent à tracer le cercle, surtout si vous n'avez pas assez d'espace pour manier une épée, si ce n'est pas très pratique ou si vous travaillez en solitaire.

L'athamé est aussi utilisé pour les consécrations. Il sert le plus souvent à consacrer le sel et l'eau pour purifier l'espace, ainsi que les gâteaux et le vin à la fin de la cérémonie.

L'athamé représente le principe masculin pendant le grand rite symbolique, quand le vin est consacré par le Prêtre et la Prêtresse. L'athamé ne sert jamais à trancher quoi que ce soit et ne devrait jamais être utilisé pour faire couler le sang. En effet, l'athamé peut être vu comme une extension de la volonté de son porteur et l'on se sert de lui pour diriger l'énergie, pas pour causer du tort. Mais ceci ne signifie pas que l'athamé devrait être émoussé, comme certains livres le suggèrent. En émoussant votre athamé, vous émoussez symboliquement votre volonté, ce qui n'est pas une bonne idée.

On a proposé un grand nombre d'origines possibles pour le nom « athamé », qui vient probablement des grimoires. Quelle que soit son origine, ce qui est certain, c'est que l'athamé est un couteau à manche noir et qu'on se sert depuis longtemps de ce genre de lame pour faire des cercles magiques, depuis un millier d'années au moins.

Le couteau à manche blanc

Élément	Air
Symbolisme	Pratique
Emplois rituels	Fabriquer des outils, marquer ou graver des sceaux, couper le cercle magique

Le couteau à manche blanc est un outil fonctionnel et il doit s'agir d'un couteau pratique avec lequel vous pouvez couper, tailler et graver. On considère que le couteau à manche blanc, comme la baguette, représente l'élément Air. Comme pour l'athamé, l'emploi du couteau à manche blanc vient de la *Clavicula Salomonis*, un fait que reconnaît Gerald Gardner dans son livre, *High Magic's Aid* :

> Thur récita à nouveau ces mêmes Psaumes de David, puis, jetant les plantes dans le brasero, il attendit que s'élève le nuage d'encens, et il prit une poinçon de graveur. Il la purifia sur les charbons ardents, et, avec le couteau à manche blanc, un outil dont la fonction était distincte de celle de l'Athamé utilisé par la sorcière pour contrôler les esprits et faire de la magie, il grava sur le manche du poinçon, qui devait devenir le Burin, les caractères qui suivent[1].

Le couteau à manche blanc est utilisé à l'intérieur du cercle pour graver des sceaux et des symboles sur des objets comme des bougies ou des baguettes. On s'en sert aussi pour tailler des baguettes et aider à fabriquer d'autres outils. Un autre usage pratique du couteau à manche blanc est de couper la nourriture.

L'épée

Élément	Esprit
Symbolisme	La véritable volonté du propriétaire, ou si elle est utilisée dans un coven, la volonté et les buts du groupe dans son ensemble
Emplois rituels	Tracer un cercle, consécrations, diriger l'énergie

L'épée peut aussi représenter la volonté du porteur et elle est utilisée pour diriger l'énergie et lui commander. Au cours d'une

1. Gardner (Gerald), *High Magic's Aid*, Essex House, I-H-O Books, Thame, 1949, p. 100.

cérémonie wiccane, il n'y aura en général qu'une épée dans le cercle, maniée par le Grand Prêtre ou par la Grande Prêtresse. Utilisée dans un rituel de coven, elle représente la volonté et les buts combinés du groupe. L'épée sert à tracer le cercle et à diriger le pouvoir.

L'épée symbolise l'Esprit car elle est la volonté active de son porteur ou du groupe. Certaines personnes l'associent au Feu à cause du processus de forgeage, mais cela implique d'ignorer la différence de taille entre l'épée et les autres outils élémentaux, et aussi l'association de l'épée à la noblesse et à l'autorité. L'épée était l'arme portée traditionnellement par les anges et les archanges, parfois en conjonction avec une balance pour montrer l'équilibre et la justice divine.

La baguette

Élément	Air (parfois le Feu, en raison de sa correspondance dans le tarot)
Symbolismes	Phallique, énergie masculine, énergie vitale
Emplois rituels	Invocations et bannissements, consécrations, diriger l'énergie

La baguette sert à diriger l'énergie d'une façon similaire à l'athamé. La baguette représente l'élément Air (certaines personnes s'en servent pour l'élément Feu en raison de son attribution dans le tarot), évoquant par là l'énergie vitale et la guérison (d'où le caducée). On trouve des baguettes de nombreuses formes et tailles différentes.

Traditionnellement, un sorcier ou une sorcière fabrique sa propre baguette avec le bois d'un arbre fruitier. Il s'agit généralement du noisetier, qui représente la sagesse et la lune, bien qu'il puisse être intéressant de travailler avec des baguettes faites de différentes essences d'arbres correspondant à des énergies et à des éléments différents.

Donc par exemple, une baguette de saule pourrait servir à représenter les énergies de l'Eau et de la guérison, ou une baguette de chêne à représenter l'élément Terre et la force, etc. Les baguettes peuvent aussi être faites de cristal ou de métal et on peut les graver ou les décorer de symboles et de sceaux appropriés à l'usage auquel on les destine. Dans la *Clavicula Salomonis*, on trouve des instructions concernant les baguettes :

> [...] la baguette de noisetier ou de noyer, dans tous les cas le bois devant être vierge, c'est-à-dire d'une année de croissance seulement. Chacune devrait être coupée de l'arbre d'un seul coup, le jour de Mercure, au lever du soleil.

La baguette peut remplir toutes les fonctions de l'athamé, comme tracer le cercle, les pentagrammes d'invocation ou de bannissement, consacrer le sel et l'eau ou les gâteaux et le vin.

Le calice

Élément	Eau
Symbolismes	Le Féminin divin, la matrice de la Mère, la Déesse
Emplois rituels	Contenir le vin, qui sert de sacrement eucharistique, ainsi que durant les initiations

Le calice sert à contenir le vin durant le rituel. On trouve des calices de nombreuses tailles et modèles différents ; un calice en argent est particulièrement approprié si vous travaillez avec la lune et il est donc le modèle le plus populaire pour les wiccans aujourd'hui.

Le calice représente l'élément Eau. Il symbolise aussi la matrice de la Déesse-Mère, et en tant que tel, le principe féminin récepteur. L'emploi des coupes pour contenir des libations faites aux Dieux est très ancien : les Égyptiens, les Grecs et les Romains s'en servaient tous à cette fin.

Le calice a une fonction principale qui est de contenir la boisson pour la fin de la cérémonie. On peut s'en servir pour verser des libations ainsi que pour y boire. Il peut aussi être utilisé pour contenir de l'eau pour les cérémonies où l'on met l'accent sur les quatre éléments.

Le pentacle

Élément	Terre
Symbolismes	Solidité, endurance, fermeté
Emplois rituels	La base matérielle pour les consécrations

Le pentacle est l'un des outils les plus importants en Wicca et on se sert rarement de tout son potentiel. En tant que symbole de la Terre et base des consécrations, le pentacle peut être vu comme un mini-autel.

En raison d'une confusion au niveau de la terminologie, un grand nombre de livres font référence au pentagramme comme étant le pentacle. Ce n'est pas le cas : un pentagramme est une étoile à cinq pointes, et un pentacle est un outil rituel. Le fait qu'un pentacle puisse être gravé ou peint du symbole du pentagramme ajoute encore à la confusion.

Le pentacle symbolise la solidité et l'endurance de la terre et représente l'élément Terre dans le rituel. Traditionnellement, il porte un pentagramme et des symboles appartenant à la tradition dans laquelle il est utilisé. Si vous travaillez en solitaire, vous pouvez décider vous-même de son design.

Certains groupes se servent d'un design portant un pentagramme qui représente l'Homme (le microcosme) au recto, et un hexagramme représentant l'univers (le macrocosme) au verso. Ceci met également en avant le principal axiome magique « Ce qui est en haut est comme ce qui est en bas », ce qui fait référence à l'interconnexion de toute vie. Le pentacle est fait en général de bois, de cire ou de cuivre, mais vous pouvez aussi vous servir d'une pierre plate, de cristal ou d'argile, ou de tout autre matériau naturel.

L'emploi de pentacles en Wicca a très probablement été inspiré par les pentacles fabriqués pour une variété de raisons par les magiciens du Moyen Âge.

Le pentacle est l'objet sur lequel on effectue les consécrations pour les outils rituels et les ingrédients pour les sorts. Il est souvent utilisé comme base pour l'assiette de gâteaux ou de pain qui est bénie au cours de la cérémonie des gâteaux et du vin. Le pentacle est aussi utilisé pour les sorts de richesse car il représente la fécondité de l'élément Terre (pensez aux pièces de monnaie et vous comprendrez l'idée).

Les cordes

Élément	-
Symbolisme	Variable
Emplois rituels	Marquer le cercle, sortilèges, enchaînements

Les cordes ont un grand nombre d'utilisations et un symbolisme très riche. De nombreux wiccans choisissent de travailler avec trois cordes de différentes couleurs symbolisant les principes de la vie, de la mort et de la renaissance. D'autres se servent des cordes pour représenter les différentes énergies élémentales ou planétaires, ou bien sûr choisissent une corde pour représenter l'intention de leur sort ou de leur rituel.

L'emploi de la magie des cordes et des nœuds était commun parmi les magiciens de l'Antiquité en Grèce et en Égypte. En magie, on se servait fréquemment de fils rouges noués.

Les cordes sont utilisées dans la cérémonie wiccane pour lier (elles sont « correctement préparées » dans un cercle sorcier). De plus, elles sont utilisées en magie des cordes pour des sorts et pour marquer le cercle magique. Les wiccans semblent là aussi avoir emprunté l'idée de marquer le cercle par une corde à la *Clavicula Salomonis*, où il est dit au magicien :

> Prenez ensuite une corde de neuf pieds de long, attachez-en une extrémité à la faucille, et avec l'autre, tracez la circonférence du cercle, qui peut être marqué soit avec l'épée, soit avec le couteau à manche noir.

Pendant le rituel, vous pouvez les porter enroulées autour de votre robe ou de votre taille. Les trois cordes sont parfois réunies ensemble pour faire un *cingulum* que l'on porte autour de la taille durant les cérémonies, et peuvent être utiles pour y suspendre votre athamé ou d'autres objets.

Les groupes wiccans travaillent souvent avec trois couleurs qui représentent chacune une énergie spécifique. Ceci varie d'un groupe à l'autre : les couleurs alchimiques ou le blanc, le rouge et le vert sont assez communes, bien que le bleu ou le noir soient aussi souvent utilisés à la place du vert. Les trois cordes peuvent représenter de nombreuses choses comme la vie, la mort et la renaissance, la Triple Déesse ou la Déesse et le Dieu cornu avec l'Enfant de la Promesse.

L'encensoir

Élément	Air
Symbolismes	Air, intellect
Emplois rituels	Pour y brûler de l'encens pour la purification, comme offrande, par dévotion, pour la concentration

On ne devrait pas ignorer les propriétés stimulantes des odeurs dans le rituel car l'odorat est l'un des plus puissants stimulants de l'inconscient dont nous disposons. L'encensoir qui contient l'encens stimulant peut être un objet décoré, conçu à cette fin, ou un simple récipient résistant au feu et rempli d'un peu de terre propre.

L'encensoir représente l'élément Air. L'emploi de l'encens est probablement aussi vieux que l'humanité elle-même. On sait qu'il était très populaire chez les anciens Égyptiens qui s'en servaient pour marquer le voyage du dieu soleil Rê au cours de la journée.

L'encensoir contient l'encens et vous permet de purifier un lieu par l'encens. On considère que le doux parfum de l'encens génère une atmosphère positive, agréable aux dieux et aux esprits, et purifie aussi l'environnement dans lequel vous travaillez. Si vous travaillez en intérieur, l'encens aide votre esprit à distinguer le monde ordinaire du monde magique dans lequel vous voyagez.

L'encens peut servir à de nombreuses fins : pour concentrer le mental, comme acte de dévotion (en se servant de fragrances consacrées à des divinités spécifiques) et pour ses effets relaxants et thérapeutiques. C'est aussi un bon support pour la voyance et sur le plan pratique, il peut éloigner les insectes quand vous êtes en extérieur (il était utilisé à cette fin en Égypte antique).

Vous trouverez dans l'appendice E des instructions sur la manière de faire brûler de l'encens dans un encensoir ou sur une pastille de charbon.

Le fléau

Élément	Feu
Symbolismes	Domination, pouvoir
Emplois rituels	Pour la purification, les cérémonies d'initiation, les sorts, et pour faire descendre (la lune ou le soleil)

Le fléau est un symbole de domination et de pouvoir qui est utilisé plus souvent dans des cérémonies de groupe que dans la pratique solitaire.

Le fléau utilisé traditionnellement en Wicca a huit fils portant chacun cinq nœuds. On peut dire que ces huit fils représentent les huit festivals de la Roue de l'année, ainsi que les huit autres outils principaux. Cinq est le nombre de pointes du pentagramme, représentant les quatre éléments et l'esprit. Ces nombres combinés nous donnent quarante nœuds, un nombre significatif durant l'initiation.

Le fléau est tenu par la Grande Prêtresse quand elle fait descendre la lune et il représente le pilier kabbalistique de la Rigueur, qui est féminin, par opposition au pilier de la Clémence (représenté par la baguette), qui est masculin.

Dans certaines traditions, il est aussi utilisé au cours de la cérémonie d'initiation comme représentation symbolique de « Es-tu prêt à souffrir pour apprendre ? », qui est une phrase essentielle pour tous ceux qui ont choisi de suivre la voie de la Wicca. Ceci ne signifie certainement pas que nous devons tous vivre dans la douleur, mais cela nous avertit plutôt que la voie de la magie n'est pas un chemin tout rose. Vous y rencontrerez des obstacles, vos idéaux et vos croyances seront ébranlés, vous devrez garder l'esprit ouvert à tout moment et être capable d'accepter les changements que la pratique de la magie apportera dans votre vie.

2

PRÉPARATION

9. PLANIFIER VOTRE RITUEL

L'intention

C'est l'intention qui définit votre rituel. Il est essentiel d'être très clair quant au but que vous poursuivez ; prenez donc votre temps pour déterminer et affiner votre intention et vous assurer que vous travaillez bien pour le résultat que vous désirez.

Le timing

Le timing de votre rituel est une considération importante. En choisissant bien le moment où vous le pratiquez, vous pouvez renforcer les énergies dans lesquelles vous puisez pour alimenter vos sorts et rendre le rituel aussi harmonieux, et donc aussi efficace, que possible. Vous trouverez des détails sur les différents cycles que vous pouvez utiliser (lunaire, solaire, planétaires et élémentaux) dans les annexes, avec des explications sur leurs avantages respectifs.

L'espace rituel

Faire de chaque étape de la préparation un acte sacré vous aidera à vous préparer pour le rituel et à dynamiser grandement vos rituels. Cette préparation ne devrait jamais être une corvée mais un plaisir !

Après avoir décidé de faire un rituel et de sa raison, vous devrez décider où vous rendre pour l'effectuer.

Un espace intérieur est un choix très pratique si vous vivez en ville, car il vous offre plus d'intimité et de sécurité que de travailler dans la plupart des jardins publics. Il y a des exceptions, bien sûr, et si vous prenez le temps de découvrir votre localité, vous pourrez trouver un espace extérieur qui vous conviendra.

Les espaces intérieurs privés sont pratiques pour les sorts mais vous pouvez avoir envie de travailler en extérieur pour des rituels de célébration de changement de saison. Vous pouvez vous rendre dans un endroit consacré à la divinité avec laquelle vous allez travailler, ou bien préférer un cours d'eau, une colline ou même un type d'arbre spécifique.

En intérieur ou en extérieur, près ou loin de chez vous, vous devrez prendre le temps de préparer l'espace physique avant de commencer votre travail. En intérieur, la préparation comprend le ménage (épousseter, passer l'aspirateur...) et le rangement en général avant le début de la mise en place du matériel pour le rituel. Un espace propre et bien rangé vous permettra aussi de supprimer toutes les autres distractions qui pourraient interférer avec votre concentration. Si vous décidez de travailler en extérieur, vous devriez passer du temps sur le site avant votre rituel afin de méditer pour contacter les esprits du lieu et pour obtenir leur permission d'y travailler. C'est une étape importante car les esprits de la nature peuvent souvent faire des dégâts s'ils sentent que leur espace est envahi par des hôtes indésirables.

Nous avons constaté que les esprits de la nature appréciaient des offrandes comme les fruits, les noix, le lait et le miel. C'est aussi une bonne idée de passer du temps à nettoyer l'espace de tout déchet : vous devriez vous efforcer de laisser un site dans un état aussi bon, voire meilleur, que celui dans lequel vous l'avez trouvé. Ces considérations très simples témoignent de votre respect pour les esprits du lieu où vous travaillez.

Que ce soit en intérieur ou en extérieur, souvenez-vous que les appareils tels que les téléphones doivent être éteints pour éviter toute sorte de distraction ou de perturbation pendant les rituels. En intérieur, c'est aussi une bonne idée d'éteindre tous les appareils électriques qui peuvent se trouver dans la pièce s'il ne s'agit pas d'un temple consacré, comme les télévisions et les ordinateurs, pour éviter des réactions inattendues à l'énergie que vous générez.

Souvenez-vous que vous allez accueillir dans votre cercle des êtres spirituels comme des déesses et des dieux et que vous devriez donc préparer l'espace et vous-même en conséquence.

Une fois que vous avez décidé l'intention de votre rituel, le moment et le lieu où il se tiendra, vous devez vous pencher sur la création de votre structure rituelle. Asseyez-vous à une table avec du papier et un stylo, et mettez par écrit des idées et des réflexions en rapport avec les considérations suivantes.

Les techniques

C'est une considération cruciale. Si vous lancez un sort, quel type fonctionnera le mieux ? Devriez-vous lancer un sort de magie des bougies, et si oui, devrait-il s'agir d'un seul sort ou d'un sort en plusieurs jours que vous lancerez sur une période donnée ? Peut-être qu'un sort de corde nouée serait plus efficace, ou une amulette ou un talisman.

Une fois que vous avez décidé du point focal de votre sort, vous devez décider des techniques que vous allez utiliser pour le dynamiser. C'est surtout une question de préférence personnelle : tout dépend de ce qui fonctionne le mieux pour vous et de ce qui convient à votre environnement. Vous aimez peut-être réciter de longues incantations pour générer de l'énergie, danser autour de votre espace rituel pour former un cône de pouvoir ou simplement concentrer votre intention en silence, ou encore une autre technique. Vous pouvez aussi décider de vous servir de plusieurs d'entre elles pour générer l'énergie qui va dynamiser votre sort.

Les divinités

En Wicca, nous appelons à la fois la Déesse et le Dieu dans nos cérémonies ; certaines traditions travaillent toujours avec la même déesse et le même dieu, tandis que d'autres sont plus éclectiques et collaborent avec diverses divinités. Si vous pratiquez en solitaire, vous pouvez essayer de travailler avec différentes divinités ; vous finirez ainsi par trouver ce qui fonctionne pour vous. Si vous travaillez avec une déesse ou un dieu pour la première fois, assurez-vous de commencer par faire quelques recherches pour en apprendre autant que possible à son sujet avant la cérémonie. Cela vous aidera à vous mettre en phase avec ses énergies et à préparer vos invocations. Bien sûr, c'est aussi un bon moyen d'en apprendre plus sur les panthéons du monde. Quand vous aurez décidé avec quelles divinités travailler, vous pourrez en disposer des représentations symboliques sur votre autel et préparer les offrandes appropriées.

Le matériel

C'est une bonne idée de faire à l'avance une liste de tout ce dont vous aurez besoin pour un rituel spécifique. C'est encore plus important si vous travaillez en extérieur, ou loin de chez vous, car vous vous éviterez ainsi de paniquer à la dernière minute en vous rendant compte que vous avez oublié quelque chose qui est peut-être fondamental pour votre rituel.

Certains objets peuvent avoir besoin d'être préparés spécifiquement ou en avance. Si vous êtes créatif, vous pouvez, par exemple, fabriquer vos propres encens, bougies, robes, nappes ou autres décorations d'autel.

Une check-list typique peut comprendre :

Les outils rituels que vous allez utiliser comme :

- une baguette, un athamé et/ou une épée ;
- un couteau à manche blanc ;
- un pentacle ;
- un calice.

Vous pouvez aussi avoir besoin de ceci :

- du vin et des gâteaux pour le sacrement avec un plat où les poser ;
- des bols de sel et d'eau pour la purification de l'espace rituel ;
- de l'encens et des pastilles de charbon (ou des alternatives) ;
- des allumettes ou un briquet pour allumer le charbon et les bougies ;
- une huile d'onction appropriée (si vous vous en servez) ;
- des bougies : pour l'éclairage, comme représentations des divinités et pour le sort (selon ce qui convient) ;
- une robe propre (si vous travaillez vêtu d'une robe) et des cordes ;
- votre journal magique et un stylo, pour noter le déroulement de la cérémonie et ses résultats ;
- des ingrédients pour toutes les autres opérations, comme les sorts ou les dévotions.

En extérieur, il vous faudra peut-être aussi :

- un manteau s'il fait froid ;
- une lampe torche en état de marche, avec des piles ;
- de bonnes chaussures de marche ;
- des vêtements étanches ;
- une carte (si vous connaissez mal la région) ;
- un téléphone portable chargé (en cas d'urgence).

Si vous emportez une bouteille de vin, assurez-vous d'emporter aussi un tire-bouchon et souvenez-vous de prendre un peu de nourriture et de boisson à consommer après votre rituel. Préparer le tout à l'avance vous donnera plus de temps pour la contemplation qui suivra. De plus, si vous cuisinez le repas au préalable, vous pourrez réduire le nombre d'objets à emporter avec vous.

Préparation de l'autel

L'autel est l'espace de travail que vous créez pour votre rituel et sur lequel vous allez placer tous vos outils et tous les ingrédients requis. L'autel agit aussi comme point focal pour la cérémonie.

Il peut s'agir d'une table, d'une boîte, d'une pierre plate ou d'un morceau de bois plat ; en fait, n'importe quelle structure plate surélevée fait l'affaire. Quand vous décidez de la taille de votre autel, n'oubliez pas que tous vos outils de travail et vos symboles, ainsi que les gâteaux et le vin, y seront placés durant toute la cérémonie.

En général, on range tous les objets présents sur l'autel après la cérémonie, sauf si vous avez la chance d'avoir un espace rituel permanent consacré comme temple. En rangeant votre matériel, vous éviterez de susciter inutilement la curiosité de vos amis et de votre famille et vous maintiendrez aussi la pièce bien rangée ! Souvenez-vous qu'un autel est une table de travail.

En Wicca, l'autel est en général placé au nord, que l'on considère comme le lieu du mystère, bien que certaines traditions placent l'autel à l'est, car c'est la direction du lever du soleil et des nouveaux commencements. Les pratiquants solitaires peuvent choisir ce qu'ils préfèrent et peuvent même alterner entre le nord et l'est en fonction du but de leur cérémonie. Une autre pratique qui, bien que rare, est parfois employée, est de placer l'autel au centre du cercle. Elle peut vous convenir si vous pratiquez dans un grand espace et on le fait souvent pour de grands groupes.

Si vous décidez de travailler avec un élément particulier ou avec quelque chose qui est également attribué à une direction spécifique, vous pouvez placer votre autel dans la partie correspondante du cercle.

Quelques astuces pratiques

Vous devriez mettre sur votre autel tout ce dont vous aurez besoin pour votre cérémonie et il est utile de faire une check-list dans le cadre de votre planification pour vous assurer de n'avoir rien oublié.

Les outils devraient en général être placés selon leurs correspondances élémentales. Donc par exemple, le pentacle devrait être placé sur le côté nord de l'autel (l'élément Terre), le calice à l'ouest (l'élément Eau), l'athamé sur le côté sud (l'élément Feu) et la baguette et l'encensoir sur le côté est (l'élément Air).

Il est important que l'autel reste pratique ; vous devriez donc placer les outils que vous utiliserez le plus souvent durant votre cérémonie, comme votre baguette ou votre athamé, à l'avant de l'autel et faisant face à leur direction élémentale respective. Tous les ingrédients ou les autres outils spéciaux pour les sorts ou les autres opérations devraient aussi être placés à un endroit pratique pour que vous puissiez les avoir à portée de main durant votre cérémonie. Par exemple, il vaut mieux conserver les bols de sel et d'eau à l'avant de l'autel car vous pourrez ainsi les avoir à portée de main pour la bénédiction et la consécration.

Les bougies, une pour la Déesse, une pour le Dieu et une pour l'Esprit, doivent être placées près de l'arrière de l'autel. La bougie de la Déesse doit être placée à gauche, et la bougie du Dieu à droite. La position des bougies de la Déesse et du Dieu correspond aux piliers noir et blanc de l'arbre de vie kabbalistique, qui représentent respectivement la Déesse et le Dieu. La bougie de l'Esprit doit être au centre. Poser les bougies vers le fond de l'autel permet d'éviter les accidents quand vous tendez la main pour prendre des objets et d'éclairer votre espace de travail de façon plus efficace. Si vous vous servez de statues, d'images ou de représentations symboliques de la Déesse et du Dieu, elles devraient être positionnées à proximité de leurs bougies respectives.

Votre autel devrait, si possible, être décoré d'objets en rapport avec l'intention de votre rituel. Vous pouvez utiliser des nappes d'autel aux couleurs appropriées aux influences planétaires que vous invoquez ou qui sont consacrées à la Déesse ou au Dieu avec qui vous travaillez, ou même en rapport avec le rituel saisonnier que vous effectuez. Vous pouvez aussi vous servir de verdure ou d'autres images appropriées. Un autel peut être aussi créatif que vous le souhaitez, mais faites en sorte qu'il reste pratique ! Si vous vous servez de symboles, de couleurs et d'images supplémentaires qui correspondent au rituel que vous effectuez, vous allez renforcer sa puissance ; mais s'il y en a trop, ils risquent de vous distraire.

10. L'ANCRAGE

Aucun rituel ne peut commencer, ni être mené à bien, sans ancrage. Ce terme a une double signification.

1. Tout d'abord, nous nous ancrons en centrant notre énergie avant un rituel. La meilleure manière de le faire est de se servir de techniques simples de respiration et de méditation.
2. Quand un rituel est terminé, nous arrivons à la seconde façon dont l'ancrage est utilisé dans le rituel wiccan. Cette fois, il s'agit d'ancrer l'énergie excédentaire que nous avons en nous et dans le cercle magique pour garantir que nous serons capables de poursuivre nos activités ordinaires et pour assurer que nous laisserons l'espace rituel dans un état énergétique approprié.

On a suggéré que la cérémonie des gâteaux et du vin, qui constitue une partie standard de la liturgie wiccane, est un ancrage ; mais ce n'est pas le cas, car on n'y consomme en général qu'une petite quantité de nourriture qui sert d'eucharistie. La plupart des covens et des groupes de praticiens partagent un repas après un rituel, ce qui aide les participants à se reconnecter à la réalité ordinaire et au monde physique. Plus cette nourriture est consistante, mieux c'est : des aliments riches en glucides, comme du riz, des pâtes, du pain, etc., conviennent tous très bien.

Vous pouvez aussi ancrer l'énergie en frappant du pied ou en touchant le sol de la paume des mains et en laissant l'énergie couler dans la terre en même temps. Les activités physiques ordinaires sont aussi bonnes pour l'ancrage, donc des tâches ménagères comme faire la vaisselle ou repasser du linge sont des formes parfaites d'ancrage après un rituel.

Une autre technique qui peut bien fonctionner pour l'ancrage post-rituel est de visualiser des racines pousser de vos pieds et s'enfoncer dans la terre, comme celles d'un arbre. Laissez l'énergie en excès descendre dans ces racines et couler dans la terre et quand vous vous sentez débarrassé de cette énergie excédentaire, visualisez les racines remonter dans vos pieds.

3

RITUELS

11. LA PURIFICATION DU TEMPLE

C'est dans l'espace du temple que vous allez tracer votre cercle et effectuer vos rituels. C'est un lieu où vous allez inviter les dieux, c'est pourquoi il est considéré comme sacré en Wicca. Il est aussi important de purifier soigneusement l'espace pour garantir qu'il n'y reste aucune énergie indésirable. Dans le rituel wiccan, ceci est fait par la bénédiction du sel et de l'eau sur l'autel, puis par l'aspersion de l'espace avec l'eau salée consacrée. En Wicca, le sel est attribué à l'élément Terre.

L'eau a aussi un rôle important dans de nombreuses religions pour ses propriétés purificatrices et il est facile de voir pourquoi. L'eau lave les impuretés et les saletés et peut nettoyer les objets. Elle est aussi un élément clé de la vie : sans eau, il n'y a pas de vie.

Les éléments Terre et Eau sont tous deux attribués au principe féminin en Wicca et en cela, le symbolisme de l'aspersion d'un espace avec de l'eau salée peut être vu comme l'apport des qualités de la Déesse dans la préparation du rite.

Symboliquement, l'eau est associée à la Lune, aux domaines des plans astraux et aux courants de l'inconscient. En mélangeant l'eau et le sel (Terre), vous montrez que vous allez pratiquer de la magie, manifestant les énergies magiques subtiles (représentées par l'eau) dans le monde physique (représenté par le sel). On doit exorciser l'eau pour la rendre pure et sacrée alors qu'on se contente en général de bénir le sel, car on considère qu'il est déjà pur.

Si vous travaillez en groupe, c'est normalement la Grande Prêtresse qui effectue la consécration de l'eau tandis que le Grand Prêtre bénit le sel.

Le Grand Prêtre va ajouter le sel à l'eau et donner le bol à la Grande Prêtresse qui va pratiquer elle-même l'aspersion de l'espace ou donner le bol à une personne désignée du coven. Dans certaines traditions, il s'agira de la jeune fille du coven.

Un autre point important : quand vous aspergez le cercle, vous devriez le faire sur tout l'espace dans lequel vous allez travailler, pas seulement sur le pourtour du cercle. Commencez par asperger le bord du cercle, puis aspergez d'un peu d'eau son centre.

Certains wiccans ont aussi inclus d'autres techniques pour purifier l'espace, empruntées à d'autres traditions. Par exemple, encenser l'espace avec un encens ou des fagotins de purification, agiter des crécelles ou battre du tambour.

Si vous travaillez en extérieur, il est bon de garder à l'esprit que le sel peut nuire à la végétation ; il peut donc être plus approprié de se servir d'une plante purificatrice au lieu de sel pour effectuer la purification de l'espace. La sauge, le millepertuis, l'hysope, le romarin et la verveine sont de bons exemples de plantes dotées de propriétés purificatrices. Plusieurs d'entre elles entrent dans la composition de l'« aspergillum » de la magie salomonienne.

Dans la *Clavicula Salomonis*, on fabrique un *aspergillum* (aspersoir) en fabriquant un fagotin avec les plantes suivantes, cueillies au jour et à l'heure de Mercure, en lune croissante : verveine, fenouil, lavande, sauge, valériane, menthe, basilic, romarin et hysope. Ces plantes sont liées ensemble au moyen d'un fil filé par une jeune vierge et on inscrit divers caractères sur le manche. On s'en sert ensuite avec l'eau bénite pour asperger l'espace sacré, les outils et tout ce qui doit l'être.

Consécrations du sel et de l'eau

Quand vous effectuez les consécrations, vous devez placer chaque bol, tour à tour, sur le pentacle qui sert de base pour ces opérations.

Mettez la pointe de votre athamé dans l'eau en visualisant une lumière dorée sortir de votre cœur, couler le long des canaux d'énergie de vos bras jusque dans vos mains et entrer pour finir dans l'eau en passant par la lame de l'athamé en disant :

> Je t'exorcise, ô créature d'Eau, pour que tu rejettes de toi toutes les impuretés et les saletés des esprits du monde des fantasmes ; et je le fais par les noms saints et très puissants de notre Dame et de notre Seigneur.

Si vous préférez, vous pouvez simplifier cette formule pour en faire quelque chose de moins traditionnel mais toujours fonctionnel, comme :

> Je bénis et consacre cette Eau, pour qu'elle soit pure et non souillée, par les noms de la Déesse et du Dieu. En amour et en vérité, qu'il en soit ainsi !

Faites la même chose avec le sel en dirigeant l'énergie de la même manière par votre athamé (mais dans le sel cette fois) et en disant :

> Que la bénédiction soit sur toi, créature de Sel ; que toute malignité et tout obstacle soient rejetés de toi, et que tout le bien entre en toi ; ce pour quoi je te bénis et je t'invoque afin que tu puisses m'aider, par les noms saints et très puissants de notre Dame et de notre Seigneur.

Là encore, vous pouvez vous servir si vous préférez d'une formule plus simple pour le travail en solitaire, comme :

> Je bénis et je consacre ce sel, symbole de pureté et de protection, par les noms de la Déesse et du Dieu. En amour et en vérité, qu'il en soit ainsi !

Mettez maintenant un peu de sel dans l'eau, le mélangeant en décrivant trois cercles dans le sens horaire avec la pointe de votre athamé, en visualisant l'eau salée luire d'une pure lumière dorée. L'or est la couleur du soleil et du succès, c'est une couleur de pureté, de guérison et de réussite des objectifs. En vous servant d'or dans vos consécrations, vous garantissez que l'objet consacré est pur et qu'il agit avec la plus grande efficacité.

Si vous vous servez d'une baguette ou de vos doigts, il vous sera plus facile de pencher le bol de sel pour en faire tomber un peu dans l'eau que d'essayer d'en prendre avec le bout de la baguette ou avec vos mains. Vous pouvez aussi vous servir du nom d'une déesse et d'un dieu spécifiques.

Une fois l'eau salée consacrée, quittez votre autel et faites le tour de votre espace dans le sens horaire, en commençant à l'est et en revenant à l'est, et aspergez-le d'eau salée tout en marchant et en disant :

> Là où tombent ce sel et cette eau, que s'éloignent toutes les influences extérieures. Par le sel et par l'eau, je purifie cet espace en amour et en vérité. Qu'il en soit ainsi !

En même temps, visualisez l'espace empli d'une lumière dorée purificatrice, qui est la manifestation dans votre espace rituel de la lumière dorée que vous avez utilisée pour consacrer le sel et l'eau.

12. LE CERCLE MAGIQUE

En Wicca, nous créons un cercle magique dans lequel nous effectuons nos rituels et nos dévotions. Le cercle nous sépare du monde ordinaire de sorte que nous sommes transportés dans un « monde entre les mondes », prêts à pratiquer nos opérations magiques et dévotionnelles. Le cercle magique est notre espace de travail pour la durée de nos rituels.

Une fois tracé, il a deux fonctions : il nous protège de ce que nous n'invitons pas dans l'espace et il agit comme un véhicule pour concentrer les énergies que nous générons, afin que nous puissions les diriger plus facilement vers les buts que nous souhaitons atteindre. Il agit comme un espace sacré dans lequel on peut effectuer des rituels.

En Wicca, la tradition conseille de se servir de l'épée ou de l'athamé pour tracer le cercle, ou dans certains cas, de la baguette. Quand on travaille dans un coven, c'est traditionnellement la Grande Prêtresse ou le Grand Prêtre qui trace le cercle selon la préférence du coven ou de la tradition. Bien sûr, si vous travaillez en solitaire, vous êtes libre d'agir comme vous l'entendez ! Tout déplacement dans le cercle devrait se faire dans le sens horaire (le sens du soleil), sauf si ce déplacement a spécifiquement pour but de symboliser un bannissement, auquel cas il doit être fait dans le sens antihoraire (le sens contraire du soleil). C'est quelque chose de rare et dans certaines traditions, c'est un signe de malchance ou de négativité. À l'occasion, on peut cependant s'en servir de façon très efficace dans un rituel pour bannir la négativité ou pour des rites saisonniers dans lesquels (par exemple) on bannit l'hiver et on accueille le printemps. Le mouvement antihoraire peut aussi être utilisé pour ouvrir le cercle, comme si on le repliait symboliquement, pour nous ramener du monde magique au monde ordinaire. On trouve pour la première fois l'idée de toujours se déplacer dans le sens solaire dans un cercle magique dans l'ancienne Égypte, où l'on considérait que ce mouvement symbolisait le mouvement du dieu solaire Rê et où l'on pensait que le mouvement antihoraire invitait l'*isfet* (le chaos et le désordre).

Le cercle magique a un symbolisme très élaboré en Wicca. Comme mentionné ci-dessus, on parle souvent en Wicca du cercle magique comme d'un endroit entre les mondes pour indiquer que nous sommes transportés dans un domaine plus proche de nos dieux quand nous effectuons nos cérémonies.

La forme du cercle elle-même représente la continuité et la création, la fertilité, l'égalité et tous les corps célestes et historiquement, on l'utilise depuis très longtemps, de Sumer et l'Égypte dans l'Antiquité jusqu'à l'époque moderne. C'est aussi un symbole d'unité, ce qui est important à deux niveaux : il y a l'unité des membres du coven qui pratiquent la magie ensemble et l'unité des participants avec les dieux.

On peut voir le cercle comme représentant le ventre de la déesse Terre, d'où toute la création est sortie et en tant que tel, il représente un endroit où nous pouvons communiquer avec elle. La forme du cercle peut être vue comme symbolisant à la fois la lune et le soleil, ainsi que le mouvement éternel des saisons sur la Roue de l'année. Le cercle symbolise aussi la déesse stellaire égyptienne Nout, qui englobe toutes choses.

Le cercle est considéré comme un symbole de perfection car il n'a ni commencement ni fin. Les cercles sont des formes très fluides, sans angles pour piéger l'énergie ou agir comme des points de manifestation. Pensez à la manière dont une roue tourne et vous pourrez apprécier la nature cyclique inhérente au cercle.

Beaucoup de groupes tracent un cercle du diamètre traditionnel de neuf pieds (2,70 mètres) mais le plus souvent, la taille du cercle est déterminée par le nombre de participants au rituel et dans certains cas, par l'espace disponible : si vous avez un coven de treize membres ou plus, un cercle de 2,70 mètres de diamètre seulement ne laissera pas beaucoup de place pour se déplacer ou danser !

Tracer un cercle

La méthode wiccane traditionnelle est de se servir de l'épée ou de l'athamé pour tracer le cercle. On pratique ainsi parce que l'épée et l'athamé représentent la volonté de la personne qui les manie et on les voit comme un point focal pour l'énergie qui est dirigée. On peut aussi se servir de la baguette, ce qui est conseillé pour les rituels dans lesquels on doit invoquer des esprits de la nature car certains, en particulier les fées, sont connus pour ne pas aimer le fer.

Si vous n'avez pas d'athamé ou de baguette, vous pouvez tracer et ouvrir le cercle en vous servant de votre main. On le fait normalement de la main dominante, l'index et le majeur tendus, l'annulaire et l'auriculaire repliés sous le pouce. Vous devriez sentir un flux d'énergie venir de votre corps et s'accumuler dans vos mains.

Faites le tour de l'espace rituel dans le sens solaire, en visualisant l'énergie se manifester sous forme de flammes bleues à la pointe de votre athamé (ou de votre épée, de votre baguette ou de vos doigts, selon ce que vous utilisez) qui marquent la limite de votre cercle. Un bon moyen de visualiser l'ensemble est de voir les flammes jaillir vers le haut et le bas pour vous entourer complètement. Puis, en faisant le tour du cercle, voyez-les se répandre et grandir au fur et à mesure que vous vous déplacez.

Le bleu est la couleur de la pureté et du psychisme dans la tradition mystérique occidentale, c'est pourquoi le saphir est la pierre de la pureté et de l'éveil psychique. Le bleu est aussi la couleur associée aux cieux et aux mondes astraux. C'est pour cela qu'on l'utilise dans le tracé du cercle, où l'on quitte le monde physique pour entrer dans un lieu « entre les mondes ». Il est intéressant de remarquer que Wilhelm Reich, éminent psychologue et scientifique, a décrit l'énergie orgone comme étant de couleur bleue. Il voyait cette énergie comme la puissance sexuelle inhérente en nous tous.

En faisant le tour de la limite du cercle, dites :

> Je trace ce cercle ; puisse-t-il être un bouclier de protection
> et une limite entre les mondes. Je te bénis et te consacre,
> par les noms de la Déesse et du Dieu. Le cercle est tracé.
> Qu'il en soit ainsi !

Nous avons créé une version que nous utilisons parfois et qui inclut les éléments dans le tracé du cercle lui-même. En faisant le tour du cercle que vous tracez, dites :

> Par la Terre fertile et l'Air tourbillonnant
> Par le Feu ardent et l'Eau tranquille,
> Par l'Esprit qui unit et qui maintient toutes choses,
> Ce cercle sacré est maintenant tracé !

Lorsque vous serez à l'aise avec la méthode standard, vous pourrez essayer d'autres méthodes (si elles vous plaisent) et voir ce que vous ressentez avec elles. Par exemple, certaines personnes aiment faire le tour du cercle en battant du tambour, en faisant résonner une cloche ou en portant de l'encens (un encensoir, un bâton d'encens ou un fagotin de plantes).

On trace un cercle dans le sens horaire (le sens solaire) en commençant et en finissant à l'est (le lieu du lever du soleil).

13. LES GARDIENS DES TOURS DE GUET

Une fois le cercle tracé, la prochaine étape d'une cérémonie wiccane est l'invocation des Tours de Guet, aussi appelée l'appel des Gardiens des quatre directions cardinales, ou des Puissants. C'est une autre idée que nous trouvons dans l'ancienne Égypte où l'on appelait souvent les divinités gardiennes pour protéger l'espace dans les quatre quartiers. En fait, cette pratique s'est poursuivie tout au long de l'histoire dans différentes traditions magiques et elle a été popularisée à la fin du XIXe siècle par l'Ordre hermétique de la Golden Dawn, qui travaillait avec les archanges élémentaux dans les directions cardinales. Ils se servaient aussi du terme « Tour de Guet », emprunté aux écrits du mage élisabéthain John Dee. C'est de là que vient l'emploi de ce terme en Wicca.

Quand nous invoquons les Gardiens des Tours de Guet, nous invitons en général les énergies élémentales de l'Air, du Feu, de l'Eau et de la Terre à se joindre à nous dans notre cercle. Les quatre éléments combinés apportent l'équilibre et créent le cinquième élément de l'Esprit. Dans le rituel wiccan, nous appelons un gardien de chacun des éléments pour protéger notre cercle à chaque point cardinal et pour bénir le cercle (et ceux qui s'y trouvent) de ses énergies et de ses qualités. Traditionnellement, les Gardiens appelés ne sont pas toujours des êtres des différents éléments ; par exemple on appelle parfois les quatre vents dans les quatre directions.

En appelant chaque élément, levez les bras dans la position de bénédiction, c'est-à-dire les bras en forme de V, les mains ouvertes, paumes vers l'avant. En disant « Je vous salue et vous accueille », croisez les bras en X sur votre poitrine et inclinez-vous légèrement. C'est une marque de respect pour accueillir le Gardien de l'élément. Vous vous servirez des mêmes gestes quand vous lui direz au revoir.

On appelle les éléments en commençant à l'est, le lieu de l'Air et des nouveaux commencements. On tourne ensuite dans le sens horaire jusqu'au sud pour appeler le Feu, puis jusqu'à l'ouest pour appeler l'Eau, et enfin jusqu'au nord pour appeler la Terre, avant de revenir à l'est pour terminer le mouvement circulaire.

Dans notre groupe, nous préférons inviter les éléments au lieu de leur donner un ordre. La manière traditionnelle de « convoquer, d'éveiller et d'appeler » implique une domination sur les éléments, plutôt qu'une harmonie avec eux. Nous avons le sentiment que ceci n'est pas approprié au rituel wiccan car cette façon de faire met l'accent sur le « pouvoir sur » plutôt que sur le « pouvoir avec ». Il est aussi vrai de dire que nous ne commandons pas aux éléments, comme la nature nous le rappelle souvent. L'important, surtout si vous travaillez en groupe, est de maintenir une uniformité constante. Ceci peut sembler convenu au début, mais évite qu'une personne fasse une invocation de cinq secondes et que la suivante fasse un discours d'un quart d'heure. Cet écart risque d'entraver le flux du rituel au lieu de l'aider, même si ces invocations sont excellentes ! Le fait d'avoir une manière établie d'appeler les quartiers permet aussi à chaque membre du groupe de développer la confiance en soi, car tous seront capables d'apprendre les paroles à l'avance et les appels deviendront de plus en plus puissants à force d'être utilisés régulièrement.

Les Gardiens élémentaux

Quand on travaille avec les Gardiens élémentaux aux quatre points cardinaux du cercle, il est utile de les visualiser tout en effectuant les invocations afin d'accroître la force de ces dernières. Vous trouverez ci-dessous des versions abrégées des descriptions standard de ces Gardiens. Bien sûr, une fois que vous vous serez familiarisé avec eux et avec la manière de vous servir de la technique, vous pourrez les adapter.

Est

Le Gardien de l'Air est un bel homme grand et mince aux traits éthérés, aux yeux gris perçants et aux cheveux blonds. Il est vêtu de robes jaunes diaphanes qui flottent autour de son corps et coiffé d'une couronne de lys blancs. On peut le visualiser debout sur une colline battue par les vents ou dans le paysage élémental de l'Air.

Sud

Le Gardien du Feu est grand et puissamment bâti, avec une solide musculature. Il a un visage anguleux, des cheveux roux et des yeux étincelants brun rougeâtre. Il est vêtu de robes écarlates et coiffé d'une couronne de coquelicots. On peut le visualiser debout sur un volcan ou dans le paysage élémental du Feu.

Ouest

La Gardienne de l'Eau est une très belle femme voluptueuse aux cheveux gris-vert et aux yeux d'un bleu profond. Elle est vêtue d'une ample robe bleue et coiffée d'une couronne de lotus bleus. On peut la visualiser debout devant une chute d'eau, au bord de la mer ou dans le paysage élémental de l'Eau.

Nord

La Gardienne de la Terre est une très belle femme bien bâtie aux cheveux bruns et aux yeux verts. Elle est vêtue de robes vertes et coiffée d'une couronne de blé. On peut la visualiser debout dans un champ de blé, devant un bois ou dans le paysage élémental de la Terre.

Les élémentaux de tous les éléments, tant masculins que féminins, peuvent aussi être vus sous ces apparences quand on les visualise sous forme humaine.

Invoquer les Gardiens élémentaux

Vous trouverez ci-dessous un exemple de la façon dont on peut inviter les éléments dans le cercle. Vous pouvez adapter les paroles pour qu'elles conviennent à un rituel particulier ou à vos préférences personnelles, en y incluant peut-être certaines des correspondances de chacun des éléments.

Exemple :

(Face à l'est)
Puissances de l'Air, gardiens sages et joyeux de la connaissance, je vous appelle maintenant pour que vous gardiez et renforciez ce rite ; venez sur les ailes de la clarté en amour et en vérité. Je vous salue et vous accueille !

(Face au sud)
Puissances du Feu, gardiens courageux et puissants de l'illumination, je vous appelle maintenant pour que vous gardiez et renforciez ce rite ; venez sur les flammes de la volonté en amour et en vérité. Je vous salue et vous accueille !

(Face à l'ouest)
Puissances de l'Eau, gardiens beaux et audacieux des rêves, je vous appelle maintenant pour que vous gardiez et renforciez ce

rite ; venez sur les vagues de la guérison en amour et en vérité.
Je vous salue et vous accueille !

(Face au nord)
Puissances de la Terre, gardiens forts et patients des mystères,
je vous appelle maintenant pour que vous gardiez et renforciez
ce rite ; venez sur les cornes du pouvoir en amour et en vérité.
Je vous salue et vous accueille !

Si vous faites cette invocation en groupe, vous devrez dire « nous » au lieu de « je » quand vous effectuez l'appel et le renvoi.

On fait couramment référence aux Gardiens des Éléments comme aux seigneurs et aux dames des directions cardinales. Dans ce contexte, les Gardiens de l'Air et du Feu (les éléments masculins) sont en général vus comme masculins (seigneurs) et les Gardiens de l'Eau et de la Terre (les éléments féminins) comme féminins (dames).

Les archanges élémentaux

Certains groupes appellent les archanges des éléments (tels qu'ils sont utilisés en magie cérémonielle) dans le rituel du pentagramme. Ce sont Raphaël (Air), Michaël (Feu), Gabriel (Eau) et Uriel (Terre). Tous les archanges sont visualisés avec de grandes ailes blanches. Si vous voulez travailler avec les archanges, vous les visualiserez comme suit.

Raphaël

Raphaël fait près de 3 mètres de haut ; c'est un androgyne d'une grande beauté mais son visage est presque trop brillant pour être vu. Il porte une robe jaune et sa silhouette est environnée d'éclairs violets. Il tient en main un caducée et l'élément Air entre dans le cercle dans son dos, à l'est. Vous pouvez sentir un courant d'air, comme une brise légère, venir de derrière lui et entrer dans le cercle.

Michaël

Michaël mesure aussi près de 3 mètres ; il a un beau visage masculin rayonnant. Sa robe est rouge vif et il est environné d'éclairs verts. Il tient une épée ou une lance dans sa main droite. Des flammes dansent autour de ses pieds et vous sentez une chaleur venir du sud lorsque l'élément Feu entre dans le cercle.

Gabriel

Gabriel mesure près de 3 mètres ; il a un visage d'une clarté aveuglante, beau et féminin. Il porte une robe bleue et tient en main un calice d'argent. Sa silhouette est environnée d'éclairs orange. Vous pouvez aussi voir une chute d'eau dans son dos et vous sentez une fraîcheur humide lorsque l'élément Eau entre dans le cercle derrière lui, à l'ouest.

Uriel

Uriel mesure près de 3 mètres ; son visage est beau et féminin, avec un air protecteur et compatissant. Sa robe est verte et il est environné d'éclairs rouges. Il tient en main un pentacle et il est debout dans un champ de blé, avec un bois derrière lui. Vous percevez la grande force et la stabilité de la Terre, et du nord derrière lui, vous sentez l'élément Terre entrer dans le cercle.

14. L'INVOCATION

Dans une cérémonie wiccane, ceci peut être fait en général de deux façons différentes. La première est une invocation de la Déesse et du Dieu dans le cercle, et la seconde, qui est couramment utilisée par les covens, est la descente de la lune (pour la Déesse) et la descente du soleil (pour le Dieu), où l'on invoque les divinités dans le corps d'une Prêtresse ou d'un Prêtre.

La descente de la lune et la descente du soleil, telles qu'elles sont pratiquées en Wicca, exigent au moins deux personnes. Il s'agit en général d'un Prêtre et d'une Prêtresse. Le Prêtre invoque la Déesse dans une Prêtresse qui agit comme canal pour cette dernière. À son tour, elle invoque le Dieu dans le Prêtre qui agit comme réceptacle pour ce dernier. Quand la Prêtresse ou le Prêtre entre dans un état de transe au cours de cette cérémonie, il ou elle canalise à la fois l'énergie et les paroles de la Déesse ou du Dieu et dans certains cas, il ou elle peut par la suite ne pas se rappeler de grand-chose de l'expérience, ou de ce qu'il ou elle a pu dire. C'est une autre raison pour laquelle cette invocation n'est en général pas pratiquée de la même manière par les wiccans solitaires.

Dans certains covens et certaines traditions, la Prêtresse et le Prêtre n'entrent que dans une transe partielle au cours de laquelle ils récitent une « charge » prédéfinie. Cette charge prend en général la forme d'un texte en prose, préparé à l'avance, dont l'exemple le plus connu est la célèbre « Charge de la Déesse ». Dans nos propres covens, les Prêtresses et les Prêtres se servent à la fois de charges préparées et d'états de transe complète quand ils effectuent cette partie du rituel, suivant ce qui est le plus approprié.

L'invocation de la Déesse fait aussi entrer l'énergie de la Déesse dans le cercle, mais d'une façon différente. Quand vous invoquez une déesse, vous lui demandez d'apporter dans votre cercle ses bénédictions et son énergie. Cette technique est utilisée tant par les wiccans solitaires que par les covens et ce peut être un moyen très puissant d'explorer les mystères de différentes divinités.

On peut considérer que dans la descente, la personne qui reçoit la Déesse ou le Dieu est le portail de son énergie, tandis que dans l'invocation, tout le cercle est le portail de cette énergie.

Vous pourrez trouver dans des livres et d'autres sources d'information de nombreux exemples d'invocations dont vous pouvez vous servir. Bien sûr, il vaut mieux que vous rédigiez les vôtres, mais au début, des exemples créés par d'autres personnes ou plus anciens, comme les *Hymnes orphiques*, peuvent constituer pour vous une grande source d'inspiration.

Exemple :

(adaptation de « l'Hymne à Hécate » tiré des *Hymnes orphiques*)

Je t'invoque, bien-aimée dame de la magie,
Hécate des carrefours, Hécate des trois voies,
Des cieux, de la terre et de la mer,
Déesse des Cieux vêtue de safran.
Toi qui voyages de nuit, protectrice des chiens,
Reine indomptable,
Je te demande d'être présente maintenant pour mon rite sacré
Pour me bénir et me protéger !

Prenez le temps de faire des recherches sur la déesse ou le dieu que vous avez l'intention d'invoquer : étudiez sa mythologie, ses symboles et ses rôles dans son panthéon d'origine. Intégrer le symbolisme et les titres d'une divinité dans vos invocations peut être un excellent moyen d'en faire une expérience plus puissante et plus personnelle. Bien sûr, plus vous en savez sur les divinités avec lesquelles vous travaillez, plus il vous est facile de développer également avec elles une relation plus étroite.

Quand vous invoquez une déesse ou un dieu, vous devez visualiser cette divinité comme elle a été représentée généralement dans l'art de sa culture. Par exemple, Artémis était représentée comme une grande et belle jeune fille vêtue d'une tunique de chasse blanche et portant un arc, son carquois rempli de flèches sur le dos. Voyez la divinité approcher de votre cercle depuis son domaine et se tenir au-dessus de votre cercle, de sorte que sa présence emplit l'espace. Donc par exemple, pour les divinités chthoniennes, vous pouvez voir la divinité s'élever du sol ; pour les divinités stellaires, solaires et lunaires, elles peuvent descendre du ciel, etc. Les anciens Égyptiens voyaient leurs divinités comme mesurant environ 4,5 mètres de haut, ce qui peut vous donner un bon indicateur pour vos propres visualisations. Il est certain qu'elles devraient être plus grandes que les Gardiens des Tours de Guet ou que les Archanges, qui sont normalement visualisés comme des êtres d'un peu moins de 3 mètres de haut.

L'Ordre Hermétique de la Golden Dawn se servait d'une technique dans laquelle la divinité qui était invoquée était visualisée approchant le magicien par derrière puis « entrant » dans l'aura de ce dernier, de sorte que cette divinité l'entourait ou « l'obombrait » littéralement de sa présence et de son énergie.

Il est préférable de mémoriser l'invocation si possible, car vous pourrez ainsi vous concentrer davantage sur l'énergie de la divinité et sur sa visualisation que si vous deviez lire le texte sur une feuille de papier. Avec de l'entraînement, vous constaterez que vous serez capable de faire des invocations spontanément, sans avoir besoin de vous préparer, surtout pour des divinités avec lesquelles vous avez beaucoup travaillé et qui vous sont familières.

Invocation de la Déesse

Exemple :

Belle et gracieuse Dame de la Lune
Maîtresse des étoiles de la nuit
Dame de magie et de mystère
Toi qui donnes et reprends la vie
Toi qui étais avant le commencement du temps
Reine du ciel, de la terre et des mers
Je te demande de te joindre à moi maintenant dans ce rite
Pour m'inspirer et me guider sur ma voie
Déesse sage et généreuse de la Nuit
Joins-toi à moi maintenant ; je te salue et je t'accueille !

Invocation du Dieu

Exemple :

Puissant Dieu cornu des forêts
Qui apporte magie et mystère,
Dieu de vie, de lumière et de liberté
Gardien des endroits libres et sauvages
Je te demande de te joindre à moi maintenant dans ce rite
Pour partager avec moi ta sagesse sauvage
Gardien doux et fort des animaux sauvages,
Joins-toi à moi maintenant ; je te salue et je t'accueille !

15. LE CONTENU DU RITUEL

Bien sûr, un rituel ne se limite pas à la création d'un espace magique et à l'invocation des dieux, bien que les deux jouent un rôle important. La suite de votre cérémonie sera déterminée par l'intention de votre rituel.

Vous trouverez ci-après quelques exemples de ce que vous pouvez inclure mais chaque cérémonie est unique, donc vous pouvez inclure une seule ou un mélange de ces propositions. Vous pouvez même ajouter d'autres idées de votre cru !

Qu'elle soit calme et contemplative ou bruyante et animée, la célébration est un élément clé de la Wicca. Elle résume la différence entre elle et un grand nombre d'autres religions.

Bien sûr, tous les rituels wiccans sont des dévotions aux dieux. Nous célébrons nos dieux plutôt que de nous prosterner devant eux, et la phrase « Tous les actes d'amour et de plaisir sont mes rituels », tirée de la « Charge de la Déesse », résume la manière dont nous travaillons avec eux. Nous ne dénigrons jamais nos dieux en leur attribuant la responsabilité de nos actions car nous endossons personnellement la responsabilité de nos actes.

Cependant, vous voudrez peut-être inclure un élément dévotionnel spécifique à certains moments de votre rituel. Ce peut être un moyen intéressant et efficace pour développer votre relation et votre compréhension des dieux avec lesquels vous travaillez, et cela influencera la forme de votre rituel de dévotion.

Il y a aussi bien sûr des pratiques spécifiques associées à certaines déesses et à certains dieux. Vous voudrez peut-être également inclure quelque chose d'historique dans votre rituel. Par exemple, faire des gâteaux avec des ingrédients consacrés à la déesse grecque Hécate (comme le safran et l'oignon) et les laisser à un carrefour à la lune sombre, ou allumer des bougies pour la déesse irlandaise Brigid à Imbolc (la Chandeleur).

Vous pouvez aussi préparer un encens avec des ingrédients consacrés à la déesse ou au dieu avec lequel vous travaillez et le faire brûler tout en récitant des poèmes exaltants, en psalmodiant ou en chantant. Bien sûr, vous pouvez aussi faire très simple et allumer seulement une bougie en leur honneur puis passer du temps en silence, en contemplation et en communion.

Si vous effectuez des cérémonies pour célébrer les tournants de la Roue de l'année, vous pouvez y inclure des célébrations et des opérations spécifiques à cette époque de l'année.

Exemples :

- Beltane – Recueillez de la rosée tôt le matin et servez-vous-en dans des sorts pour la beauté et la jeunesse. Si vous travaillez dans un groupe, vous pouvez ériger un mât de mai et l'inclure dans votre cérémonie. Les wiccans solitaires peuvent attacher des rubans de vœux (biodégradables) aux arbres.
- Litha – Levez-vous tôt le matin du solstice d'été pour faire une cérémonie en l'honneur des dieux solaires.
- Lugnasad – Faites une poupée de paille pour symboliser la fertilité pour vos projets de l'année à venir. Si vous en avez une de l'année précédente, vous pouvez l'offrir à la Déesse et la rendre à la terre.
- Samhain – Si vous travaillez en groupe, vous pouvez vous amuser au jeu de la pomme dans l'eau (attention à ne pas trop en renverser !). Traditionnellement, Samhain est aussi un moment qui convient particulièrement à la divination et à la voyance. Il est aussi bon de faire des

offrandes de nourriture et de boisson aux ancêtres et à ceux qui sont décédés dans l'année écoulée.

- Yule – Levez-vous tôt le jour du solstice d'hiver et faites une cérémonie en l'honneur du soleil qui renaît.

En effectuant des opérations de dévotion et de célébration, vous renforcez votre lien avec les dieux, ce qui est important parce qu'il n'y a pas d'intermédiaires en Wicca : l'accent est mis sur votre relation personnelle avec les dieux de la Wicca.

Souvenez-vous que les dieux aussi aiment s'amuser et qu'ils peuvent avoir un sens de l'humour malicieux !

Offrandes

Faire des offrandes est un acte de respect et de dévotion. En plus d'en faire aux dieux, vous pouvez aussi en adresser aux esprits des lieux *(genii locorum)* quand vous travaillez en extérieur. L'idée des offrandes aux dieux est une ancienne pratique que l'on voit dans le monde antique, tout comme celles aux ancêtres et aux esprits. Le meilleur exemple en est peut-être l'ancienne Égypte : on y supposait que les divinités absorbaient l'essence subtile de la nourriture et des boissons qu'on leur offrait. On donnait ensuite les aliments aux ancêtres, qui consommaient ce qui restait de l'essence subtile, après quoi les prêtres les mangeaient. On appelait cela la « réversion des offrandes ».

Si vous faites des offrandes, rappelez-vous qu'il est bon d'offrir des aliments et des boissons qui sont originaires de la région où vous vivez et de préférence de saison. Les fruits, par exemple les pommes ou les noisettes, sont des offrandes tout à fait appropriées. Avant de vous rendre sur un site, souvenez-vous de retirer les emballages excédentaires des aliments que vous emportez pour éviter tout risque de laisser des déchets. Le lait et le miel étaient des offrandes traditionnelles faites aux esprits dans le monde antique ; mais comme vous pouvez le voir, vous avez un très grand choix d'aliments.

Magie et sorts visant un résultat

C'est dans cette partie du rituel que vous lancez vos sorts, c'est-à-dire que vous pratiquez des opérations magiques dans un but spécifique comme avoir un emploi, des richesses, une meilleure santé, etc. Souvenez-vous que vous n'avez pas besoin de vous presser pour lancer un sort : vous constaterez qu'en passant suffisamment de temps à générer de l'énergie, à concentrer votre intention et à visualiser votre but, vous allez grandement augmenter l'efficacité de vos opérations.

Selon notre expérience, il vaut mieux lancer peu de sorts dans une cérémonie et en organiser plusieurs, au lieu de lancer des dizaines de sorts dans une seule. Non seulement votre autel serait encombré d'ingrédients, mais après avoir lancé quelques sorts, vous auriez du mal à générer assez d'énergie et à concentrer clairement votre intention.

Dans l'idéal, vous ne devriez pas lancer plus de deux ou trois sorts dans un rituel. Si vous en lancez plus, vous allez probablement commencer à perdre votre concentration. C'est aussi vrai pour les wiccans solitaires que pour les covens, car générer de l'énergie, maintenir les visualisations et se préparer pour chaque sort l'un après l'autre prend beaucoup de temps et d'énergie.

Beaucoup de gens aiment lancer des sorts, mais beaucoup d'autres n'aiment pas car ils considèrent que ce n'est pas une activité spirituelle. On lance un sort dans un but donné et ce but est de créer un changement positif. C'est pourquoi il est préférable de ne pas passer son temps à les utiliser et de n'en lancer que lorsque l'on en a besoin. Si tout va à merveille dans votre vie, vous n'aurez peut-être pas envie de lancer un sort ; à l'inverse, si par exemple l'un de vos amis proches ou l'un de vos parents est malade, vous allez peut-être lancer de nombreux sorts de guérison (avec sa permission) pour l'aider à aller mieux.

Techniques

Il y a plusieurs techniques couramment utilisées pour les sorts. Chacune d'elles est très simple en pratique et toutes agissent de façon similaire en tant que point focal pour l'énergie que vous générez et attirez pour produire le résultat que vous désirez.

Sorts de magie des bougies

De nos jours, on se sert très souvent de bougies pour lancer des sorts et elles peuvent constituer un moyen simple et efficace de le faire. La technique de base implique de choisir une bougie de la couleur appropriée, d'y graver des symboles qui représentent le résultat désiré, de l'oindre d'huiles qui correspondent à ce résultat, puis de la charger rituellement en se servant d'incantations, de chants, de danse ou de concentration. Pour finir, on fait brûler la bougie pour libérer l'énergie vers le résultat désiré.

Magie des cordes

Il y a de nombreux exemples de magie des nœuds dans l'histoire. On peut trouver des exemples bien connus en Grèce antique et dans l'ancienne Égypte, ainsi qu'à des époques plus récentes : les *cunning folk* du Devon et de Cornouailles enfermaient le vent dans des nœuds qu'ils vendaient aux marins. Ceux-ci défaisaient les nœuds quand ils avaient besoin de vent dans leurs voiles !

Charmes : amulettes et talismans

On se sert depuis longtemps de charmes dans les systèmes magiques du monde entier à des fins de protection (amulette) ou pour attirer une énergie spécifique vers leur porteur (talisman).

Ils peuvent être aussi simples à construire qu'un cristal chargé magiquement, ou aussi complexes qu'un sachet de charmes contenant un certain nombre d'ingrédients et de symboles différents utilisés pour leurs pouvoirs combinés (les sachets de charmes sont aussi chargés magiquement).

Générer et diriger du pouvoir

Bien sûr, il y a bien d'autres façons de lancer des sorts. C'est un sujet vaste et l'on a publié de nombreux livres sur la question ces dernières années. Considérons maintenant des méthodes pour générer du pouvoir qui sont couramment utilisées dans notre tradition pour charger les sorts que nous lançons.

Concentration

Au premier abord, on peut penser que c'est un curieux moyen de générer du pouvoir mais en fait, en concentrant toute votre énergie mentale sur une seule intention bien précise, vous pouvez générer beaucoup d'énergie. Ce qui compte, c'est que vous ayez une intention bien définie et que vous ne laissiez pas votre attention vagabonder ou faiblir. Pensez au résultat que vous visualisez comme la fin d'une course que vous atteignez en courant du départ jusqu'à l'arrivée : ceci représente le maintien de votre concentration pendant le temps désiré. Comme vous pouvez le voir, ceci implique que vous ayez développé vos capacités de visualisation et de méditation, comme nous l'avons mentionné précédemment.

Danse

L'un des moyens les plus couramment employés, les plus efficaces et les plus simples de générer de l'énergie pour les sorts et les célébrations est de danser tout en psalmodiant. Dans un groupe, on danse en général dans le sens horaire, en tournant en cercle ou en spirale.

Pendant la danse, les participants visualisent aussi l'énergie générée par leur mouvement et leur chant d'une couleur particulière, comme dorée ou bleue, comme formant un cône inversé d'énergie dans le cercle. En combinant l'énergie de la danse, du chant et de la visualisation, on peut générer beaucoup d'énergie pour alimenter des sorts ou d'autres opérations magiques. La Grande Prêtresse ou la personne qui dirige le rituel va laisser la danse se poursuivre jusqu'à ce qu'elle sente qu'il a été généré suffisamment d'énergie pour pouvoir la diriger vers l'intention désirée.

Chants et psalmodies

Si vous travaillez en solitaire ou si vous avez des contraintes d'espace pour votre groupe, vous préférez peut-être psalmodier sans danser. Dans ces cas-là, concentrez-vous sur le son produit par votre voix comme principale source d'énergie générée. Visualisez alors l'énergie que vous produisez en chantant ou en psalmodiant pendant un certain temps comme un tourbillon d'énergie de couleur appropriée que vous laissez grandir jusqu'à ce que vous sentiez qu'il y en a suffisamment pour alimenter votre intention pour le sort ou pour votre objectif, quel qu'il soit.

Divination

Il peut arriver que vous ayez le sentiment d'avoir besoin d'aide pour résoudre les grandes questions ou les dilemmes que vous devez affronter dans votre vie quotidienne. Au lieu de lancer un sort pour cela, vous pourriez effectuer une divination dans le cadre de votre rituel. Bien sûr, vous pouvez pratiquer la plupart des formes de divination en dehors d'un cercle magique ; mais vous aurez peut-être envie de pratiquer une divination dans un cercle pour être certain de disposer de plus d'énergie et des bénédictions des dieux, ou pour un but en lien avec un sort précédent, comme la guérison, afin de voir si votre magie donne des résultats. Parmi les formes de divination que vous aurez peut-être envie d'explorer pour vous en servir dans un rituel wiccan, citons...

Le tarot

L'utilisation des cartes du tarot ou d'un oracle peut apporter une dimension intéressante au rituel wiccan. De très nombreux jeux de cartes différents sont disponibles aujourd'hui et vous pouvez choisir celui qui vous convient en fonction de la nature et du thème de votre rituel. Nous nous servons souvent du *Tarot de Thoth* (par Lady Frieda Harris et Aleister Crowley) pour nos divinations annuelles ou de l'*Oracle des Druides* (par Phillip et Stephanie Carr-Gomm) quand nous travaillons avec les divinités celtiques, et qui est aussi excellent pour pratiquer avec les animaux de pouvoir. Il est utile d'étudier le symbolisme de différents jeux et de trouver ceux qui résonnent le mieux avec vos centres d'intérêt et votre façon de travailler.

La clairvoyance

La clairvoyance dans une boule de cristal est depuis longtemps l'une des activités archétypales de la sorcière, mais il y a bien d'autres méthodes qui peuvent vous convenir, à vous ou à votre rituel. Beaucoup de sorciers et de sorcières trouvent que la clairvoyance par le feu, en se servant de la flamme d'une bougie ou d'un bol rempli de White Spirit® pour voir des motifs dans la flamme (soyez prudent avec les liquides inflammables !) est une technique qui fonctionne bien. On peut aussi utiliser d'autres supports : un miroir magique, la fumée de l'encens ou de la cire de bougie que l'on fait tomber goutte à goutte dans un bol d'eau, pour citer quelques exemples.

16. LES GÂTEAUX ET LE VIN

La cérémonie de la bénédiction des gâteaux et du vin se déroule après que la plus grande partie des opérations et des célébrations a été accomplie dans le cercle. Certains groupes se servent du temps qui suit cette bénédiction pour discuter de leurs expériences au cours de la cérémonie, festoyer dans le cercle ou faire des annonces. D'autres ferment le cercle après avoir consommé les gâteaux et le vin et discutent de la cérémonie par la suite, en festoyant.

Si vous travaillez en solitaire, il vaut mieux fermer le cercle après la bénédiction puis vous ancrer par le festin. La consommation des gâteaux et du vin n'est pas un ancrage, contrairement à ce que certains auteurs laissent entendre. C'est plutôt un acte eucharistique, participant aux sacrements bénis qui ont été infusés des énergies de la Déesse et du Dieu. En consommant les gâteaux et le vin, vous vous unissez aux énergies divines en équilibre et vous renforcez l'équilibre en vous-même.

Bénir le vin

En Wicca, la bénédiction du vin représente le mariage sacré (symbolisant l'union de la Déesse et du Dieu) qui est considéré comme l'un des mystères clés de la Wicca et qui ne peut être pleinement compris que par l'expérience directe.

Le calice symbolise le ventre fécond de la Déesse, et le vin montre la fertilité de la terre et symbolise la joie dans cette vie. On se sert traditionnellement de vin rouge mais vous pouvez aussi utiliser de l'hydromel ou, si vous préférez, du jus de pomme ou de raisin. L'athamé représente le phallus du Dieu cornu, le principe fertiliseur.

Symboliquement, le calice et l'athamé représentent les éléments de l'Eau et du Feu, et quand les symboles triangulaires de ces deux éléments sont réunis, ils produisent l'hexagramme, représentant l'univers. Le mariage sacré des deux principes divins est ainsi exprimé dans la création de l'univers par leur union, incarnée dans la boisson sacramentelle à l'intérieur du calice, qui est leur fertilité donneuse de vie.

L'union des opposés dans la bénédiction du vin est encore accentuée par le fait que la Grande Prêtresse tient l'athamé (l'outil masculin) tandis que le Grand Prêtre tient le calice (l'outil féminin), montrant que tous deux incarnent l'équilibre divin en eux-mêmes, ce qui se voit également dans l'union de l'athamé et du calice dans le vin.

Les jus de fruits utilisés ont chacun un symbolisme spécifique. Le jus de pomme représente le fruit de la sagesse, consacré à la Déesse et contenant en lui le pentagramme. Le jus de raisin est le fruit de la vigne, une plante consacrée au Dieu comme seigneur de la libération et de la nature sauvage ; il se manifeste alors par exemple sous les traits du dieu grec Dionysos ou du dieu romain Bacchus.

Quand on travaille en groupe, c'est normalement la Grande Prêtresse et le Grand Prêtre qui effectuent ensemble la cérémonie. Le Grand Prêtre tient le calice et la Grande Prêtresse abaisse l'athamé dans le calice en disant :

Ce que l'athamé est au masculin, la coupe l'est au féminin,
et unis ils apportent la fécondité.

La Grande Prêtresse boit d'abord au calice puis le passe au Grand Prêtre avec un baiser en prononçant les mots « sois béni » ou « puisses-tu ne jamais avoir soif ». Le Grand Prêtre passe ensuite le calice à la personne qui se tient près de lui dans le cercle en prononçant les mêmes mots ; le calice passe d'une personne à l'autre, à chaque fois avec un baiser et les mots.

Traditionnellement, la Grande Prêtresse termine ce qu'il reste du vin ; quand la cérémonie se déroule en extérieur, elle prend une dernière gorgée, puis verse le reste du vin en libation pour les Anciens.

Pour le travail en solitaire, vous devriez tenir l'athamé dans votre main dominante et le calice dans l'autre. En même temps, imaginez l'énergie du Dieu descendre le long de la lame de l'athamé et entrer dans le vin, comme un éclair doré, et l'énergie de la Déesse imprégner le vin, comme un courant argenté provenant du calice qui symbolise son ventre (on se sert des mêmes visualisations pour le travail en groupe décrit précédemment).

Exemple :

Prenez le calice et tenez-le bien haut en disant :

Je bénis ce vin, fait des fruits de cette terre abondante, fertile et nourricière, béni par l'union de la Déesse et du Dieu.
Qu'il soit béni.

Puis prenez une gorgée de vin et replacez le calice sur l'autel.

Bénir les gâteaux

Comme mentionné précédemment, les gâteaux sont une eucharistie symbolisant la fertilité de la Déesse et du Dieu, ainsi que les dons qui nous sont offerts par la terre elle-même.

Les gâteaux doivent traditionnellement être faits avec de la farine, du vin, une pincée de sel et du miel, et façonnés en forme de croissants de lune. En pratique, la plupart des groupes utilisent des gâteaux, du pain ou des biscuits qui reflètent la célébration. Par exemple, il est tout à fait acceptable de se servir d'une bûche de Yule quand on célèbre Yule, de pain de maïs pour Lugnasad ou de quelque chose de sucré pour Beltane !

Quand on travaille dans un groupe, on prévoit traditionnellement un gâteau de plus que le nombre de célébrants pour la bénédiction. Les gâteaux sont disposés sur un plat qu'on place ensuite sur le pentacle. Ils sont bénis par la Grande Prêtresse, qui touche chaque gâteau du bout de son athamé, visualisant l'énergie dorée couler d'elle dans l'athamé puis dans les gâteaux.

Elle prend le premier gâteau et le brise en deux morceaux, en donne un au Grand Prêtre avec un baiser et dit « Sois béni » ou « Puisses-tu ne jamais avoir faim ». Il passe ensuite le plat de gâteaux au célébrant la personne à côté de lui avec un baiser en disant les mêmes mots, et le plat est ainsi passé d'un individu à l'autre jusqu'à être reposé sur l'autel. La Grande Prêtresse prend le dernier gâteau et fait une offrande aux Anciens.

La Grande Prêtresse peut utiliser la baguette plutôt que l'athamé pour bénir les gâteaux. Ceci signifie que les quatre outils élémentaux ont été utilisés pour les gâteaux et le vin : le calice et l'athamé pour le vin, le pentacle et la baguette pour les gâteaux. Symboliquement, on peut voir le même équilibre du féminin et du masculin dans la bénédiction des gâteaux que dans la bénédiction du vin.

Si vous travaillez en solitaire, mettez les mains au-dessus du plat posé sur le pentacle et visualisez une énergie dorée couler de vos mains dans les gâteaux en disant :

Je bénis ces gâteaux, faits des graines des céréales qui ont poussé dans le sein de la Terre, fertile et abondante, bénis par la grâce de la Déesse et par la force et la vitalité du Dieu.

Brisez le gâteau en deux et mangez-en. Remettez la seconde moitié sur le plat ou faites-en une offrande si vous travaillez en extérieur. Vous pouvez aussi toucher les gâteaux de la pointe de votre athamé ou du bout de votre baguette et visualiser l'énergie dorée couler de vos mains par l'outil et entrer dans les gâteaux, au lieu de vous servir de vos mains pour les bénir.

17. OUVRIR LE CERCLE

L'adieu aux dieux

À la fin de votre cérémonie, vous dites adieu au Dieu en premier car la fin du rituel s'effectue dans l'ordre inverse de son ouverture. Vous pouvez faire les choses très simplement : vous devriez le remercier, reconnaître son pouvoir et ses propriétés. Voici un exemple de ce qu'on ferait pour Cernunnos :

Puissant Cernunnos, Seigneur des bêtes sauvages et des lieux sauvages, Gardien des Anciennes Voies, je te remercie de t'être joint à moi et d'avoir partagé avec moi ton pouvoir et ta sagesse intemporelle. En amour, en joie et en vérité,
je te dis salut et adieu.

En disant « salut et adieu », vous devrez vous incliner en sa présence, par courtoisie et pour reconnaître sa puissance. Voyez-le marcher, voler ou descendre dans son monde, suivant comment vous l'avez vu arriver.

L'adieu à la Déesse suit exactement la même formule que l'adieu au Dieu. Si vous travaillez en solitaire, vous ferez ces deux adieux vous-même. Dans un groupe, la personne qui a invoqué un dieu ou une déesse est toujours celle qui lui dit aussi adieu.

Exemple :

Belle Dame de la lune
Maîtresse des étoiles la nuit
Toi qui existais avant le commencement du temps,
Reine des cieux, de la terre et des mers
Je te remercie pour ta présence ici ce soir

Je te remercie pour les bénédictions que tu as apportées
Je te remercie pour la sagesse que tu as partagée
Ton esprit résidera toujours en mon cœur et en mon esprit
Mais maintenant, comme je mets fin à ce rite,
Je te dis salut et adieu.

Saluer le départ de la Déesse et du Dieu devrait être comme dire au revoir à un ami proche. Il ne devrait y avoir aucun chagrin, simplement de la reconnaissance et une appréciation de leur contribution à votre cérémonie. Vous n'avez pas besoin de prononcer un long discours de louanges ; en fait, il est préférable que vos paroles soient assez simples : gardez à l'esprit que vous les rappellerez quand vous effectuerez votre prochaine cérémonie.

Renvoyer les Gardiens

Évidemment, quand vous avez terminé votre rite, vous dites adieu aux Gardiens élémentaux en commençant au nord par la Terre et en vous déplaçant dans le sens antihoraire vers l'Air, à l'est. On fait cela avant d'ouvrir le cercle car la fermeture d'un rite est faite dans le sens inverse, comme un repli symbolique du cercle. En fait, c'est comme un voyage retour : vous retracez vos pas pour revenir à votre point de départ. En parlant, voyez les Gardiens élémentaux quitter le lieu et retourner dans leur monde, en emportant avec eux l'énergie élémentale qu'ils ont amenée dans le cercle.

Exemple :

(Face au nord)
Puissances de la Terre, je vous remercie de vous être jointes
à moi et d'avoir apporté votre énergie à ce rite.
Avec amour et gratitude, je vous dis salut et adieu.

(Face à l'ouest)
Puissances de l'Eau, je vous remercie de vous être jointes à moi
et d'avoir apporté votre énergie à ce rite.
Avec amour et gratitude, je vous dis salut et adieu.

(Face au sud)
Puissances du Feu, je vous remercie de vous être jointes à moi
et d'avoir apporté votre énergie à ce rite.
Avec amour et gratitude, je vous dis salut et adieu.

(Face à l'est)
Puissances de l'Air, je vous remercie de vous être jointes à moi
et d'avoir apporté votre énergie à ce rite.
Avec amour et gratitude, je vous dis salut et adieu.

Quels que soient les gestes dont vous vous êtes servi pour appeler les éléments, vous devriez aussi vous en servir pour le bannissement. Donc si vous avez fait les gestes des éléments, faites-les à nouveau ; si vous avez utilisé des pentagrammes d'invocation, utilisez des pentagrammes de bannissement, etc. En même temps, sentez l'énergie de l'élément quitter le cercle. Si vous vous êtes servi de pentagrammes, visualisez l'énergie élémentale traverser le pentagone au centre du pentagramme et retourner dans son paysage élémental.

Vous devez voir le pentagramme qui est suspendu dans l'air à chaque quartier comme un portail pour la force élémentale disparaître quand vous tracez les pentagrammes de bannissement, si vous avez tracé des pentagrammes élémentaux.

Certains auteurs contemporains ont suggéré de se servir de phrases comme « Reste si tu veux, pars si tu le dois » en renvoyant les Gardiens. De telles phrases sont tout à fait inappropriées car le but de l'ouverture du cercle magique à la fin de la cérémonie est de revenir au monde ordinaire et de laisser le lieu dans un état similaire à celui dans lequel vous l'avez trouvé. Avoir des Gardiens des Tours de Guet vagabondant dans un espace qui n'est pas leur résidence normale, ce n'est pas vraiment laisser un endroit comme on l'a trouvé ! Non seulement c'est une mauvaise pratique magique, mais cela montre aussi un manque de considération pour l'environnement dans lequel vous travaillez et un manque de respect pour les entités elles-mêmes.

Ouvrir le cercle

À la fin d'un rituel, on ouvre le cercle en inversant son tracé. Faites-le en faisant à nouveau le tour de la limite du cercle et en vous servant de votre athamé, de votre baguette ou de votre main de la même manière que pour son tracé. Cette fois, vous devez marcher dans le sens inverse de celui dans lequel vous avez tracé le cercle.

Tandis que vous marchez, visualisez les flammes bleues s'éteindre et dites :

Le rite est terminé, la limite est ôtée, comme je retourne au monde des hommes, le cercle est ouvert mais non brisé !

Après l'ouverture du cercle, c'est-à-dire sa suppression, le lieu devrait laisser la même impression qu'avant la cérémonie, sans aucune trace d'énergie magique pour indiquer que quelque chose s'y est produit. C'est pourquoi on dit que le cercle wiccan est « entre les mondes » : il est distinct du monde ordinaire. De même, assurez-vous toujours d'emporter avec vous tout ce que vous avez apporté si vous travaillez en extérieur et surtout, de ne pas laisser de déchets ou de restes de bougies ; mais bien sûr, la faune sauvage locale sera probablement heureuse de consommer le pain ou les gâteaux que vous pourriez vouloir laisser comme offrandes !

18. LES ARCHIVES MAGIQUES

Il est très important de conserver des archives personnelles de vos opérations magiques, de vos observations, de vos résultats et de ce que vous apprenez ; et c'est quelque chose que vous devriez faire dès vos débuts en magie. Notez quand et où vous avez effectué votre rituel ou votre méditation ; vous devriez aussi noter l'heure du jour et la phase de la lune. De plus, vous devrez garder une trace écrite de toutes les techniques que vous avez utilisées, de vos invocations et de vos sorts, et bien sûr des résultats obtenus.

Mettre par écrit vos rituels, vos méditations et vos autres expériences magiques constitue une partie très importante de votre développement et de votre apprentissage, et c'est en soi un rituel simple mais important qui ne devrait pas être ignoré. Si possible, vous devriez aussi noter vos rêves car il y a souvent bien des choses à apprendre de l'examen du symbolisme de votre inconscient en examinant les visions qui vous viennent. En relisant vos journaux magiques, vous verrez comment vous avez changé et comment vous vous êtes développé sur le plan personnel avec du temps et de la pratique. C'est aussi une indication des techniques qui fonctionnent le mieux pour vous. Dans votre journal magique, vous devriez être très honnête quant à vos sentiments et à vos impressions, et éviter de laisser parler votre ego. Ce n'est qu'en étant honnête que vous serez vraiment capable de voir le processus de transformation personnelle qui se produit avec le temps. Comme il s'agit d'une chose très intime, vous devriez de toute évidence le garder à l'abri des regards indiscrets.

Dès que vous avez terminé votre cérémonie, vous devriez mettre par écrit votre expérience tant qu'elle est encore fraîche dans votre esprit. Vous avez déjà la structure, rédigée lorsque vous avez planifié le rituel, mais maintenant, vous devez aussi noter de façon détaillée vos impressions sur chaque partie du rituel et la façon dont il s'est déroulé. Toutes les images, les pensées, les paroles et les impressions que vous avez reçues à un moment ou un autre au cours du rituel doivent être notées ; mais aussi l'impression que vous avez eue sur le bon fonctionnement de ses différentes parties.

Soyez honnête avec vous-même quand vous mettez le rituel par écrit. Ils ne se déroulent pas toujours exactement selon le plan prévu et les choses ne fonctionnent pas toujours comme on s'y attend. Si vous tenez des archives honnêtes et méticuleuses, vous pourrez plus tard, en les relisant, évaluer l'efficacité des différentes techniques de génération d'énergie et de lancer de sort, et voir ce qui fonctionne le mieux pour vous.

De même, quand vous tenez votre journal, vous pourrez trouver utile de noter des facteurs comme le temps qu'il fait, votre humeur et, si vous êtes une femme, la phase de votre cycle menstruel. Observer ces facteurs sur le long terme peut vous donner des indications sur les moments où vous travaillez particulièrement bien ou mal, ce que vous pouvez exploiter pour vos cérémonies. De plus, vous constaterez peut-être que certains lieux sont particulièrement propices pour vos rituels, tandis que d'autres ne le sont pas, en particulier à certains moments de l'année. Toutes ces informations vous aident à développer un plan de travail qui vous permettra de progresser plus efficacement sur votre voie.

4

PERFECTIONNEMENTS

19. LA VISUALISATION

La méditation et la visualisation sont des compétences essentielles que vous devez connaître et maîtriser pour pouvoir vraiment pratiquer des rituels magiques efficaces. On peut les considérer comme les fondations d'une maison : sans des fondations solides et bien bâties, les murs vont probablement se fissurer et la maison peut même s'effondrer, mais avec de bonnes fondations, la maison sera solide et on pourra l'agrandir à l'avenir. Nous allons maintenant étudier ces deux compétences tour à tour, avec leurs applications pour un étudiant de la tradition wiccane, la façon dont elles peuvent être utilisées en rituel et quelques exemples d'exercices à essayer.

La méditation est une forme de concentration intérieure, bloquant les stimuli toujours changeants du monde où nous vivons. La méditation calme le mental et apaise l'esprit, c'est un prérequis essentiel au travail magique. En méditant, vous pouvez vous détacher de tout ce qui appartient au monde ordinaire et vous concentrer uniquement sur la magie que vous allez accomplir. Il y a différents types de méditation, incluant celles qui utilisent comme point focal un stimulus visuel, des mots de pouvoir ou des phrases (parfois appelés « mantras » d'après l'usage oriental) que le méditant répète à voix haute ou en silence, des techniques de respiration, etc.

Quand vous commencerez à apprendre la méditation, vous rencontrerez en général certaines difficultés, souvent sous la forme de distractions créées par votre mental. Des détails qui vous distraient ou des informations non pertinentes, comme votre liste de courses ou votre relevé bancaire, vont remplir votre esprit. Ignorez-les et repoussez-les doucement, revenant au stimulus qui est le point focal de votre méditation. C'est le premier stade, celui de la concentration.

Ensuite, votre corps essaiera de vous distraire. Vous pourrez vous retrouver avec des démangeaisons soudaines, des fourmillements ou des douleurs lancinantes. Ignorez-les car c'est votre ego qui essaie de résister à l'effet transformateur de la méditation. Quand vous dépassez ces distractions, vous atteignez le deuxième stade de la méditation, qui est la sérénité.

Maintenant, votre mental est libre de recevoir des intuitions et des idées en rapport avec les symboles ou le point focal que vous avez choisi d'utiliser pour votre méditation. C'est le troisième stade de la méditation, la perception.

À tout moment durant la méditation, votre ego peut essayer une attaque sournoise et vous distraire à nouveau par ces images sans importance ou ces douleurs physiques. Repoussez-les doucement et revenez à votre point focal. Ne les laissez pas vous irriter car ce sont des phénomènes naturels et non un reflet de vos capacités.

Une forme de méditation couramment utilisée est la visualisation guidée. C'est un voyage méditatif qui sert à explorer des paysages intérieurs astraux et mentaux pour obtenir des informations sur les mythes, les créatures spirituelles et votre propre psyché. En explorant ces paysages intérieurs astraux et mentaux, vous permettez à tous les aspects de votre conscience de communiquer, vous apportant des signaux et des informations de votre inconscient et de votre soi supérieur. Les visualisations guidées sont souvent effectuées en groupe, une personne agissant comme guide et décrivant le voyage au reste du groupe, bien qu'on puisse aussi les effectuer seul en passant un enregistrement.

Il est bon de pratiquer une méditation avant tout rituel car vous vous assurez ainsi d'être complètement concentré sur le rituel et d'avoir écarté toutes les distractions dans votre tête. Même si vous ne méditez que quelques minutes, voyez cela comme un portail que vous franchissez à chaque fois que vous faites une cérémonie. Quand la porte se ferme derrière vous, vous ne serez pas indûment perturbé par les pensées ordinaires et les distractions que vous laissez derrière vous.

Une bonne méditation préparatoire que nous utilisons quelquefois est de méditer sur les éléments tour à tour. Commencez par l'Air et visualisez un symbole adapté, comme le triangle de l'Air ou une plume, et méditez sur les sentiments qu'il vous inspire tout en contemplant les qualités associées à cet élément. Répétez ceci pour chacun des éléments tour à tour en vous servant de leur symbole ou d'un autre symbole adapté, comme une flamme pour le Feu ou un cristal pour la Terre. Quand vous aurez passé en revue tous les éléments, vous pourrez commencer votre cérémonie dans un état d'esprit approprié.

On a dit que la visualisation était la création ou la construction d'un symbole (ou d'une série de symboles) sur lequel on se concentre pour maîtriser le pouvoir de l'esprit. C'est une façon de penser imagée plutôt que verbale. En développant votre capacité à visualiser, vous entraînez votre imagination créatrice et vous maîtrisez sa capacité créatrice.

La visualisation vous permet de voir des symboles, de pratiquer des méditations guidées, de visualiser l'intention d'un sort et d'effectuer des opérations astrales et psychiques. Certaines personnes ont la chance de constater qu'elles visualisent facilement et naturellement, mais pour beaucoup d'autres, c'est une compétence qui doit être développée. L'apprentissage et la pratique de la visualisation ressemble au développement d'un nouveau jeu de muscles, mais mentaux plutôt que physiques.

Le moyen le plus facile de développer votre aptitude à visualiser est de pratiquer chaque jour. Passez un peu de temps, disons 10 à 15 minutes, à visualiser une image simple comme un triangle rouge pour le Feu ou un cercle bleu pour l'Eau. Une image qu'il est aussi très utile d'inclure dans votre pratique est un pentagramme doré. Maintenez l'image que vous utilisez sur un arrière-plan noir dans votre esprit. Chaque fois que l'image change, que ce soit par la forme ou la couleur, reformez l'image pour qu'elle reprenne son apparence d'origine. Continuez de pratiquer jusqu'à ce que vous puissiez maintenir cette image pendant 10 à 15 minutes, sans qu'elle change une seule fois de couleur ou de forme.

Il vous faudra peut-être un peu de temps, donc ne vous découragez pas si vous constatez que l'image change encore de temps en temps après quelques semaines de pratique. Quand vous pourrez maintenir l'image inchangée, vos pouvoirs de visualisation seront bien aiguisés. Même à ce stade, il est toujours bon de pratiquer pour parfaire votre compétence. Vous devriez alors commencer à utiliser des images plus complexes pour vous entraîner, comme les cartes du tarot. Pour cela, choisissez une carte (parmi les arcanes majeurs ou atouts, par exemple) et étudiez-la jusqu'à ce qu'elle soit bien fixée dans votre mémoire. Puis fermez les yeux et visualisez la carte. Quand vous aurez ajouté autant de détails que possible, rouvrez les yeux et réexaminez la carte. Comment vous en êtes-vous tiré et combien de détails avez-vous oubliés ? Refermez les yeux et répétez le processus, jusqu'à ce que vous puissiez faire naître dans votre esprit une image complexe et reproduire efficacement toute image que vous choisissez.

Quand vous aurez maîtrisé la compétence de maintenir dans votre esprit des images complexes comme celles-ci, vous aurez bien entraîné votre mental. La visualisation est l'une des compétences dont vous aurez toujours besoin dans vos cérémonies, donc le temps que vous passez à la maîtriser sera un bon investissement pour votre voyage spirituel.

20. UTILISER VOTRE VOIX

Votre voix est l'un des outils magiques les plus puissants dont vous disposez et elle est toujours avec vous. Le pouvoir du son est bien documenté par la science et dans une perspective magique, le son peut être considéré comme une énergie transmutable. La façon dont vous prononcez ou chantez les mots peut affecter dramatiquement la qualité de votre rituel.

Les mots ont un pouvoir intrinsèque. Ils nous permettent de communiquer et en nommant quelque chose, vous commencez à en acquérir une compréhension. Les noms magiques sont considérés comme importants depuis l'ancienne Égypte, où est née l'idée que le vrai nom d'un être donnait du pouvoir sur lui.

En réfléchissant à l'importance des mots, vous pourrez voir que plus vous y mettez d'énergie, plus vous pouvez enrichir vos rituels. Quand vous parlez, vous devez le faire clairement pour que chaque mot soit prononcé distinctement. Souvenez-vous que l'influence de votre magie (et donc de vos paroles) se répercutera dans les plans subtils. En conséquence, vous devez inclure une charge puissante et positive dans vos paroles.

Entraînez-vous à projeter votre voix pour qu'elle emplisse la pièce quand vous êtes en intérieur. Il ne s'agit pas simplement de crier ou de parler très fort : vous n'avez pas besoin de ça pour emplir un espace, et dans de nombreuses occasions, ce peut être inapproprié.

En plus de parler clairement, vous devez aussi réfléchir à l'emploi des chants et des psalmodies. Depuis l'Antiquité, on connaît la valeur de la répétition en magie. Puisque psalmodier est l'un des moyens de générer de l'énergie, vous devez y consacrer du temps pour avoir véritablement un bon niveau d'énergie pour alimenter vos sorts.

Dans certaines cérémonies religieuses, comme celles de l'hindouisme ou du bouddhisme, on psalmodie des mantras sacrés (des mots ou des phrases) pendant des heures. Nous ne voulons pas dire que vous devriez passer des heures à psalmodier, mais vous pourrez constater que répéter une psalmodie pendant 2 minutes va générer beaucoup moins d'énergie que si vous le faites pendant 10. Pour passer plus de temps sur une psalmodie, il faut une bonne concentration, c'est donc une bonne discipline à acquérir car elle améliorera vos chances d'obtenir les résultats désirés.

Quand vous vous servez de votre voix, il est important de garder aussi à l'esprit l'intention de votre rituel. La pratique d'un rituel vous enseigne (si vous ne saviez pas déjà le faire) à diviser votre attention et à faire plusieurs choses à la fois. Avec de la pratique, il devient facile de tenir une image dans votre esprit et de vous servir de votre voix, d'effectuer des actions rituelles, etc.

N'ayez pas peur de vraiment vous servir de votre voix. Si vous vous sentez gêné, c'est quelque chose que vous devrez affronter et surmonter. Entraînez-vous seul, en laissant votre voix prendre du pouvoir au fur et à mesure que votre assurance grandit. Souvenez-vous que vous devez oser. C'est par la parole que nous pouvons donner corps à nos idées et les manifester sous la forme du résultat que nous désirons. Prononcez donc les paroles de création et laissez vos buts devenir réalité.

21. LA PURIFICATION PERSONNELLE

En nous purifiant, nous nous préparons pour la pratique de la magie et nous créons une ligne de démarcation entre l'ordinaire et le magique. L'acte de purification personnelle est une déclaration de notre intention d'être dans le meilleur état possible pour faire de la magie et honorer nos dieux. Il y a de nombreuses méthodes de purification qui peuvent être utilisées par les wiccans aujourd'hui mais toutes ne sont pas traditionnelles. Elles comprennent les exemples suivants.

Les bains rituels

Avant de commencer un rituel, un bain de purification vous aidera à entrer dans le bon état d'esprit. Vous pouvez y ajouter des huiles essentielles, des plantes ou des sels appropriés au rituel pour renforcer le processus.

Le but du bain est la purification et c'est le début de votre rituel, donc votre esprit doit être concentré uniquement sur ce sujet. Vous pouvez combiner le bain lui-même avec des visualisations et un travail d'équilibrage.

En sortant du bain, laissez votre peau sécher naturellement. S'il ne vous est pas possible de prendre un bain rituel, essayez au moins de vous laver les mains et le visage, surtout pour une opération de guérison ! Parmi les huiles et les plantes appropriées qui ont des propriétés purificatrices, citons l'oliban, le santal, l'hysope, le millepertuis et la myrrhe. Vous pouvez aussi vous servir de sel de mer. Il est possible de combiner le bain rituel avec une psalmodie ou une méditation correspondant au rituel que vous êtes sur le point d'effectuer.

Le jeûne

Nous pouvons nous servir du jeûne pour purifier notre corps de l'intérieur. Le jeûne aide le corps à se débarrasser des toxines et il implique aussi que toute votre énergie sera consacrée au rituel, plutôt qu'à des fonctions corporelles comme la digestion. Un jeûne dure normalement un jour ou davantage, mais il est important de se souvenir que si vous menez une vie active, un jeûne de plus d'un jour peut ne pas être pratique.

Quand vous jeûnez, vous devez vous abstenir de toute nourriture et de tous stimulants. Cela signifie : pas de caféine, pas d'alcool et pas de tabac (et pas de chocolat) ! Tous les wiccans ne pratiquent pas le jeûne et ce n'est certainement pas un prérequis, mais ce peut être un bon moyen de renforcer votre volonté. De nombreuses personnes l'utilisent comme une méthode pour se purifier avant des rituels importants, comme les initiations, ne buvant que de l'eau de source et du jus de pomme pendant une période prédéterminée, en général 24 heures.

Les pommes symbolisent la Déesse et sont considérées comme le fruit de la sagesse. Boire du jus de pomme empêche le taux de sucre de votre sang de trop baisser et évite l'épuisement énergétique.

Si vous constatez qu'il vous est difficile de supprimer toute nourriture quand vous jeûnez, essayez de ne manger que certains types d'aliments, comme des fruits. Certaines personnes constatent que leur métabolisme a du mal à s'adapter aux périodes de jeûne et il est important que vous vous serviez de la forme qui convient le mieux à votre corps. Si vous avez des problèmes de santé, assurez-vous de consulter votre médecin avant d'essayer d'en pratiquer un, surtout si vous prévoyez qu'il dure plus de 24 heures.

Pour la plupart des rituels, il ne devrait pas être nécessaire de jeûner plus longtemps, sauf si vous faites un rituel spécifique qui l'exige pour une raison ou une autre. Cependant, c'est toujours une bonne idée de s'abstenir de nourriture et de stimulants pendant au moins 4 heures avant un rituel car cela facilitera tout travail psychique et vous permettra aussi, bien sûr, de danser et de vous déplacer sans être ralenti par un repas trop lourd.

L'onction

On peut aussi se servir efficacement d'une onction dans le cadre d'une purification prérituelle. Vous pouvez préparer une huile ou un onguent spécial contenant des plantes et des huiles qui ont des propriétés purificatrices, que vous pouvez mélanger avec des ingrédients consacrés à la déesse ou au dieu avec qui vous allez travailler ou qui ont d'autres significations symboliques particulières liées à votre cérémonie. Assurez-vous d'avoir une huile de base à laquelle mélanger votre huile, car vous ne voulez pas ressentir de brûlure sur le front !

Dans un groupe, les participants doivent être oints par la Grande Prêtresse ou par un Prêtre ou une Prêtresse désignés, avec des paroles appropriées comme « Sois pur en pensées, sois béni ! » ou « Que la sagesse entre en toi ». L'onction est en général faite sur le troisième œil, en forme de croissant de lune ou d'un autre symbole adéquat. On peut se servir de n'importe quel doigt pour l'onction ; en général, nous nous servons de l'auriculaire de la main dominante car on sait que c'était ce qui se faisait en ancienne Égypte. Si vous travaillez en solitaire, vous pouvez tout de même inclure l'onction dans votre préparation rituelle. Il existe d'autres applications de l'onction, comme l'onction des mains avant une opération de guérison et l'onction des chakras (centres d'énergie) quand on effectue des exercices d'équilibrage.

L'encensement

L'encens est un outil de purification très efficace et il peut être utilisé pour encenser (on parle parfois de *smudging* quand on le fait avec des fagotins de plantes au lieu de l'encens). Pour la purification, on peut se servir d'encensement dans le rituel wiccan de diverses manières. On peut encenser les participants quand ils entrent dans le cercle ou avant de le tracer. L'espace sacré lui-même peut être purifié par un encensement avant ou après le tracé du cercle pour accueillir les dieux.

22. LA PROTECTION PSYCHIQUE

L'humanité est superstitieuse et les wiccans ne font pas exception. Quand vous commencerez à vous ouvrir au changement et à vous concentrer sur le développement de votre relation avec la nature, visible et invisible, des changements vont se produire. Vous pouvez alors avoir tendance à penser que des forces ou des entités négatives influencent votre vie à chaque fois que quelque chose se passe mal. On peut facilement laisser la paranoïa s'infiltrer en nous, oublier que des choses vont mal de toute façon et blâmer des puissances cachées pour tous les problèmes qui nous affligent.

Si des choses vont mal dans votre vie, faites une pause et prenez du recul. Réfléchissez à l'équilibre (ou au déséquilibre) des influences dans votre vie pour voir s'il y a une explication simple au fait que des choses vont mal. Un rhume peut venir d'une exposition à la pluie plutôt que d'une malédiction envoyée par quelqu'un qui vous a regardé de travers !

Les attaques psychiques sont un phénomène rare, mais si vous êtes convaincu que vous en subissez une, des mesures simples peuvent la neutraliser très vite. Souvenez-vous que si vous pratiquez régulièrement des opérations magiques dans votre foyer, comme tracer des cercles et appeler les Gardiens des Tours de Guet et la Déesse et le Dieu, vous serez déjà entouré de protections de toute façon et ces étapes ne seront pas nécessaires.

Pour protéger une maison, tracez simplement un cercle magique autour d'elle (vous pouvez le faire en visualisation) puis aspergez chaque fenêtre et chaque porte d'une eau salée bénite (vous pouvez y tracer un pentagramme avec l'eau salée pour une protection supplémentaire, si vous préférez). Appelez les Gardiens des Tours de Guet et demandez-leur de protéger votre maison et ceux qui y vivent, et faites-en autant pour la Déesse et le Dieu. Visualisez toute votre maison remplie d'une lueur dorée positive.

23. LE TEMPS LUNAIRE

L'utilisation des phases de la lune pour les opérations magiques est une considération majeure en Wicca.

La nouvelle lune est le moment où l'on fait de la magie pour débuter de nouveaux projets.

La lune croissante est le bon moment pour travailler sur ce que vous voulez faire croître et se développer, ou attirer à vous.

La pleine lune est un temps de fructification et d'aboutissement.

La lune décroissante est le moment de se débarrasser des choses que vous voulez perdre, ce qui inclut la guérison puisque vous vous débarrassez de la maladie.

La lune sombre est un temps de transformation, un passage entre deux états.

Nous pouvons aussi ajouter le moment significatif du quartier de lune, quand la face visible de la lune est mi-éclairée, mi-obscure. C'est un très bon moment pour travailler sur l'équilibre. Vous pouvez faire des opérations pour équilibrer des qualités lumineuses au quartier croissant de la lune et des opérations pour équilibrer des qualités obscures (ou l'inconscient) au quartier décroissant. Même si vous ne voulez pas vous servir d'autres cycles temporels, comme les cycles planétaires, les phases lunaires sont un bon guide pour savoir quand travailler avec différents types de magie, en profitant des courants énergétiques appropriés.

Il y a un phénomène qui se produit environ tous les deux ans et demi et dont vous aurez peut-être envie de profiter. Il s'agit de ce qu'on appelle une lune bleue. Il y a une lune bleue quand il y a deux pleines lunes au cours du même mois : la lune bleue est la seconde. En de rares occasions, comme en 1999, ceci peut se produire plus d'une fois par an. De toute évidence, comme les pleines lunes sont séparées d'environ 28 jours, la première doit se produire dans les deux premiers jours du mois.

C'est de là que vient l'expression américaine *once in a blue moon* (« quand la lune est bleue »), qui fait référence à un événement inhabituel. On considère que les lunes bleues sont particulièrement magiques et que c'est un bon moment pour faire des opérations pour des choses difficiles à atteindre. On peut les voir comme des opportunités à saisir pour lancer ce sort ou pour faire ce rituel qui doit vraiment fonctionner.

Bien sûr, en ces occasions, la lune ne devient pas bleue, mais il peut arriver qu'elle prenne cette couleur ! Par exemple, quand le volcan indonésien du Krakatoa a explosé en 1883, il a envoyé dans l'atmosphère des nuages de poussière qui ont donné à la lune un aspect bleuté partout dans le monde pendant près de deux ans. (Il a aussi donné des teintes vertes aux couchers de soleil !) Le même phénomène peut se produire quand de grands feux de forêt envoient de la fumée et des particules de poussière dans les airs, mais la plupart de ces événements sont localisés. Des particules de glace et des nuages peuvent aussi provoquer cet événement .

Nouvelle lune	Nouveaux projets
Lune croissante	Croissance, attraction, guérison par la croissance (par exemple en réparant les dégâts)
Quartier de lune (croissante)	Équilibrage, changements personnels conscients
Pleine lune	Aboutissement, fructification
Quartier de lune (décroissante)	Équilibrage, inconscient, rêves

Lune décroissante	Bannissement, suppression, y compris la guérison en se débarrassant de certaines choses (par exemple la maladie)
Lune sombre	Transformation, travail intérieur

24. LE TEMPS PLANÉTAIRE

Les sept planètes classiques sont depuis longtemps associées au travail magique. Chaque planète est associée à un jour de la semaine et chaque jour est divisé en heures planétaires qui ne durent pas forcément 60 minutes ; chacune de ces heures est associée à son tour à l'une des planètes classiques. Travailler en harmonie avec les jours et les heures planétaires peut être bénéfique pour les opérations magiques, afin d'obtenir des résultats particuliers. C'est un aspect de la magie qui résonne très bien avec la Wicca et qui mérite plus ample considération car il ajoute un niveau d'énergie supplémentaire à ces opérations. Vous trouverez dans l'appendice les correspondances planétaires, comprenant le détail des types de magie en lien avec chaque planète, ainsi que les couleurs, les nombres et les jours qui leur sont associés.

Attributions des heures planétaires

Heures planétaires du jour							
Heure	Lundi	Mardi	Mercredi	Jeudi	Vendredi	Samedi	Dimanche
1	Lune	Mars	Mercure	Jupiter	Vénus	Saturne	Soleil
2	Saturne	Soleil	Lune	Mars	Mercure	Jupiter	Vénus
3	Jupiter	Vénus	Saturne	Soleil	Lune	Mars	Mercure
4	Mars	Mercure	Jupiter	Vénus	Saturne	Soleil	Lune
5	Soleil	Lune	Mars	Mercure	Jupiter	Vénus	Saturne
6	Vénus	Saturne	Soleil	Lune	Mars	Mercure	Jupiter
7	Mercure	Jupiter	Vénus	Saturne	Soleil	Lune	Mars
8	Lune	Mars	Mercure	Jupiter	Vénus	Saturne	Soleil
9	Saturne	Soleil	Lune	Mars	Mercure	Jupiter	Vénus
10	Jupiter	Vénus	Saturne	Soleil	Lune	Mars	Mercure

11	Mars	Mercure	Jupiter	Vénus	Saturne	Soleil	Lune
12	Soleil	Lune	Mars	Mercure	Jupiter	Vénus	Saturne

Heures planétaires de la nuit							
Heure	Lundi	Mardi	Mercredi	Jeudi	Vendredi	Samedi	Dimanche
1	Vénus	Saturne	Soleil	Lune	Mars	Mercure	Jupiter
2	Mercure	Jupiter	Vénus	Saturne	Soleil	Lune	Mars
3	Lune	Mars	Mercure	Jupiter	Vénus	Saturne	Soleil
4	Saturne	Soleil	Lune	Mars	Mercure	Jupiter	Vénus
5	Jupiter	Vénus	Saturne	Soleil	Lune	Mars	Mercure
6	Mars	Mercure	Jupiter	Vénus	Saturne	Soleil	Lune
7	Soleil	Lune	Mars	Mercure	Jupiter	Vénus	Saturne
8	Vénus	Saturne	Soleil	Lune	Mars	Mercure	Jupiter
9	Mercure	Jupiter	Vénus	Saturne	Soleil	Lune	Mars
10	Lune	Mars	Mercure	Jupiter	Vénus	Saturne	Soleil
11	Saturne	Soleil	Lune	Mars	Mercure	Jupiter	Vénus
12	Jupiter	Vénus	Saturne	Soleil	Lune	Mars	Mercure

Exemples de calculs

Exemple 1

Disons que vous voulez travailler avec les heures planétaires pour un rituel qui utilise les énergies de Mercure. Le mercredi est le jour de Mercure, donc vous décidez de faire le rituel le mercredi suivant, durant la journée. Ensuite, vous procédez comme suit :

- En consultant un almanach, vous voyez que le soleil se lève à 07 h 00 et se couche à 20 h 48.
- Donc les heures du jour vont de 07 h 00 à 20 h 48, ce qui donne 13 heures et 48 minutes.

- (13 × 60) + 48 = 828 minutes de lumière du jour.
- Divisées par 12 = 69.
- Cela signifie que chacune des 12 « heures » du jour va durer 69 minutes.

En consultant les tableaux, vous voyez que la première heure et la huitième heure du mercredi sont gouvernées par Mercure. Donc pour la première heure du jour, le rituel doit être effectué entre 07h00 et 08h09 (69 minutes).

Pour la huitième heure, il faut davantage de calculs :

- Calculez la durée de sept heures planétaires de ce jour : 7 × 69 = 483 minutes, ou 8 heures et 3 minutes.
- Puis ajoutez ce nombre à l'heure du lever du soleil : 07 h 00 + 8 heures et 3 minutes = 15 h 03.
- Cela signifie que la huitième heure commence à 15 h 03 et se termine à 16 h 12 (15 h 03 + 69 minutes).

Vous décidez ensuite laquelle de ces deux périodes vous convient le mieux et vous avez l'heure à laquelle pratiquer le rituel.

Exemple 2

Disons que vous voulez maintenant calculer les heures planétaires pour un rituel utilisant les énergies de Saturne. Le samedi est le jour de Saturne, donc vous décidez de pratiquer le rituel le samedi suivant, durant la nuit, quand la planète est visible dans le ciel. Ensuite, vous procédez comme suit :

En consultant un almanach, vous voyez que le soleil se couche à 21 h 04 ce jour-là, et se lève le matin suivant à 06 h 10.

- Donc les heures de la nuit vont de 21 h 04 à 06 h 10, ce qui donne 9 heures et 6 minutes.
- (9 × 60) + 6 = 546 minutes de nuit.

- Divisées par 12 = 45,5.
- Cela signifie que les 12 « heures » de nuit vont durer chacune 45,5 minutes.

En consultant les tableaux, vous voyez que la troisième heure et la dixième heure de la nuit du samedi sont gouvernées par Saturne. Donc si vous calculez maintenant ces deux heures, vous avez vos options :

Pour la troisième heure

- Le soleil se couche à 21 h 04, donc c'est l'heure sur laquelle vous vous basez pour commencer vos calculs.
- Pour calculer le début de la troisième heure, déterminez la longueur de deux « heures » de nuit : 2 × 45,5 = 91 minutes, ou 1 heure et 31 minutes.
- Ajoutez cette durée à l'heure du coucher du soleil : 21 h 04 + 1 heure et 31 minutes = 22 h 35.
- L'heure de Saturne va de 22 h 35 à 23 h 20,5 (22 h 35 + 45,5 minutes).

Pour la dixième heure, il faut calculer ainsi :

- Calculez la longueur de neuf « heures » planétaires de la nuit : 9 × 45,5 = 409,5 minutes, soit 6 heures et 49,5 minutes.
- Puis ajoutez-les à l'heure du coucher de soleil : 21 h 04 + 6 heures et 49,5 minutes = 03 h 53,5.
- Cela signifie que la dixième heure commence à 03 h 53,5 et se termine à 04 h 39 (03 h 53,5 + 45,5 minutes).

Vous décidez ensuite laquelle de ces deux périodes vous conviendra le mieux (probablement 22 h 35 !) et vous avez l'heure à laquelle pratiquer le rituel.

Vous pouvez aussi souhaiter tenir compte d'un autre phénomène : le mouvement planétaire. Il arrive que certaines planètes soient rétrogrades, c'est-à-dire qu'elles semblent se déplacer en sens inverse dans le ciel. En termes magiques, on considère que cela signifie que leur énergie faiblit au lieu de croître ; beaucoup de magiciens préfèrent donc travailler quand la planète n'est pas rétrograde. Vous pouvez facilement le vérifier dans des éphémérides astrologiques.

25. LE TEMPS SOLAIRE

Le mouvement du soleil dans le ciel est clairement visible tout au long du jour et de l'année. Le soleil se lève à l'aube puis monte jusqu'à son zénith, qui est le mi-point du jour (le moment entre le lever et le coucher du soleil) ; c'est le moment de pratiquer des travaux solaires pour accroître les qualités associées au soleil. De même, la période allant du mi-point du jour au coucher du soleil est idéale pour se débarrasser de qualités solaires négatives ou pour travailler à les transformer en qualités positives.

Au lieu de toujours être des célébrations nocturnes, les sabbats de la moitié lumineuse de l'année (de l'équinoxe de printemps à l'équinoxe d'automne, quand il y a plus de lumière que d'obscurité dans les 24 heures du jour) peuvent être avantageusement effectués durant les heures de jour, surtout si l'on invoque une divinité solaire.

Il est bien connu que de nombreux monuments mégalithiques ont été construits en fonction de leur alignement avec le lever du soleil lors des solstices d'été et d'hiver, et il est vrai que le matin du solstice d'été est un moment idéal pour célébrer le pouvoir du soleil à son zénith. Au solstice d'hiver, nous accueillons le soleil ressuscité comme l'enfant de la promesse de l'aube.

Bien qu'on voie souvent la Wicca comme une religion lunaire pratiquée la nuit, souvenez-vous que vous vous déplacez dans le sens solaire autour du cercle magique et que la Wicca insiste aussi sur l'équilibre, donc profitez des phases solaires quand elles sont appropriées !

26. LE TEMPS ÉLÉMENTAL

De même qu'ils sont présents physiquement dans notre vie, les quatre éléments sont visibles dans les cycles du jour et de l'année. Cela signifie que de tous les cycles que vous pouvez utiliser pour vos cérémonies, celui des éléments est le plus fréquemment accessible car il se déroule chaque jour. Ainsi, l'aube est associée à l'Air en tant que début du jour ; puis viennent midi pour le Feu, le crépuscule pour l'Eau et le calme de la nuit pour la Terre. Il est intéressant de remarquer que les moments frontières traditionnellement magiques de l'aube et du crépuscule sont associés aux deux éléments fluides, l'Air et l'Eau.

Bien sûr, vous n'aurez pas forcément envie d'effectuer vos rituels à l'aube ou à midi ; ou bien cela peut ne pas être pratique. Dans ce cas-là, vous pouvez aussi vous servir des cycles élémentaux saisonniers pour renforcer la nature de votre opération.

Vous pouvez aussi choisir comme point focal de votre opération quelque chose qui soit approprié au courant élémental de la saison, comme cela se pratique dans certaines traditions de la Wicca. Ainsi, par exemple, profitez des mois d'hiver pour vous concentrer sur le changement intérieur ; du printemps pour commencer de nouveaux projets ; de l'été pour développer ces projets ; et de l'automne pour récolter les fruits de votre travail.

Élément	Période temporelle	Saison
Air	Aube	Printemps
Feu	Midi	Été
Eau	Crépuscule	Automne
Terre	Minuit	Hiver

27. LES CYCLES NATURELS

En Wicca, nous nous mettons en phase avec la nature cyclique de la Terre par la célébration de ses saisons. Les festivals, aussi appelés « sabbats », sont célébrés à huit moments charnière de l'année. Ce cycle de huit festivals est connu des wiccans sous le nom de « Roue de l'année ».

Rites saisonniers

Samhain (Halloween), Yule (le solstice d'hiver), Imbolc (la Chandeleur), Ostara (l'équinoxe de printemps), Beltane (le 1er mai), Litha (le solstice d'été), Lugnasad (ou Lammas, le 1er août) et Mabon (ou Modron, à l'équinoxe d'automne) nous aident à nous harmoniser avec les cycles de la nature qui existent aussi bien en nous que dans le monde qui nous entoure.

Nous sommes certains que la combinaison des huit festivals en une « Roue de l'année » est une idée moderne et aucun groupe d'autrefois ne les célébrait comme nous pouvons le faire aujourd'hui. En revanche, il ne fait aucun doute que ces festivals sont bien enracinés dans l'histoire.

La Roue de l'année porte ce nom pour une bonne raison : une roue tourne et revient toujours au même point, mais jamais tout à fait au même endroit. De même, la roue de la Nature continue de tourner, chaque saison contenant beaucoup de nouvelles merveilles.

L'observation et la célébration de ces saisons vous aidera à vous harmoniser chaque année davantage avec les énergies de la Nature ; c'est un processus qui ne cesse jamais. Personne ne peut jamais être un expert quant à la nature de la Nature !

Il n'y a pas qu'une seule façon correcte de célébrer l'un ou l'autre de ces festivals et ils ne sont présentés dans ce livre que par souci d'exhaustivité.

Vous trouverez ci-dessous quelques thèmes clés qui peuvent vous servir de sources d'inspiration quand vous préparez vos propres célébrations.

Festival	Date	Thèmes clés
Samhain	31 octobre	Affronter l'ombre, ancêtres, commencements, divination, récolte (viande), transformation
Yule	21 décembre	Renaissance du soleil, résolutions, tournant du cycle
Imbolc	1er février	Capacités psychiques, initiation, premiers frémissements
Ostara	21 mars	Croissance, équilibre, naissance
Beltane	1er mai	Chance, fertilité, mariage sacré, plaisir
Litha	21 juin	Activité, force, vie
Lugnasad	1er août	Récolte (céréales), sacrifice, transformation
Mabon	21 septembre	Abondance, équilibre, récolte (fruits)

On peut diviser les sabbats entre les moitiés lumineuse et obscure de l'année ou selon le cycle des éléments. Ainsi, la période allant d'Ostara à Mabon représente la moitié lumineuse de l'année, quand il y a plus de lumière du jour que de nuit ; et à l'inverse, celle de Mabon à Ostara représente la moitié obscure de l'année. Le courant de l'Air au printemps se voit à Ostara et à Beltane, celui du Feu à Litha et à Lugnasad, celui de l'Eau à Mabon et à Samhain, et celui de la Terre à Yule et à Imbolc. Nous avons inclus ci-après un tableau des aspects de la Déesse et du Dieu que l'on trouve couramment aux sabbats pour vous donner davantage d'inspiration quand vous créerez vos propres célébrations.

Sabbat	Déesse	Dieu
Samhain	La Sombre Mère	Le terrible seigneur des ombres
Yule	Mère qui donne naissance ; Vieille Femme	Enfant solaire de la Promesse
Imbolc	Déesse de l'Inspiration	Enfant conquérant
Ostara	Déesse de l'Aube et de la Fertilité	Prince du soleil
Beltane	Déesse passionnée de la Terre	Dieu cornu des forêts
Litha	Reine de toutes choses	Roi solaire viril
Lugnasad	Déesse des Moissons	Roi sacrifié du blé
Mabon	Vierge sombre	Seigneur de la vigne

À chaque fois que c'est possible, il est préférable de célébrer les sabbats en extérieur, mais ce n'est pas toujours très pratique. Utiliser des aliments et des boissons appropriés à la période de l'année, comme du cidre et des pommes à Samhain ou du vin de fleurs de sureau à Beltane, vous aide à mettre l'accent sur ce qui se passe dans la nature qui vous entoure et à vous rappeler des changements qui se produisent autour de vous.

28. LES CONSÉCRATIONS

À chaque fois que vous achetez ou que vous fabriquez un nouvel outil rituel, et même si vous en achetez un d'occasion, vous devez le purifier (le nettoyer) et le consacrer (le charger). La purification chasse toute influence de cet outil pour qu'il soit psychiquement propre quand vous commencerez à travailler avec lui. La consécration concentre les énergies des éléments dans un outil et en fait un objet magique qui ne sera utilisé que pour vos opérations magiques.

Purification élémentale d'un outil

Voici un rituel dont vous pouvez vous servir pour purifier et consacrer tous vos outils, ainsi que des objets comme les bougies. Souvenez-vous que vous pouvez adapter ce rituel à vos circonstances ; il peut aussi être fait dans le cadre d'une célébration de sabbat ou d'un esbat.

Installez votre autel comme à l'accoutumée, avec du sel et de l'eau dans des bols, une bougie rouge et de l'encens en grains ou des bâtons d'encens. Purifiez votre espace rituel, tracez un cercle, invoquez les Gardiens élémentaux puis la Déesse et le Dieu.

Faites passer l'objet dans la fumée de l'encens (s'il est trop gros, vous pouvez aussi déplacer l'encensoir autour de lui et souffler la fumée dessus), en disant :

Je te purifie par le pouvoir de l'élément Air.

En même temps, visualisez le vent souffler sur l'objet et en chasser toute impureté.

Faites passer l'objet dans la flamme d'une bougie, en disant :

Je te purifie par le pouvoir de l'élément Feu.

En même temps, visualisez le feu caresser les surfaces de l'objet et brûler toute impureté.

Aspergez l'objet d'eau, en disant :

Je te purifie par le pouvoir de l'élément Eau.

En même temps, visualisez l'eau couler sur l'objet et autour de lui, et laver toute impureté.

Jetez un peu de sel sur l'objet, en disant :

Je te purifie par le pouvoir de l'élément Terre.

En même temps, visualisez l'objet entouré de terre, absorbant toute impureté.

Consécration élémentale d'un outil

Quand vous avez purifié votre outil, vous devez le charger et le consacrer pour l'usage auquel vous le désignez. Faites passer l'objet par chacune des représentations des éléments sur votre autel, comme précédemment. Commencez par la fumée de l'encens, en disant :

Je te consacre et je te charge par le pouvoir de l'élément Air.

En même temps, visualisez le vent emplir l'outil de la sagesse de l'Air.

Faites passer l'objet par la flamme de la bougie, en disant :

Je te consacre et je te charge par le pouvoir de l'élément Feu.

En même temps, visualisez le feu l'imprégner du pouvoir créatif du Feu.

Aspergez l'objet d'eau, en disant :

Je te consacre et je te charge par le pouvoir de l'élément Eau.

En même temps, visualisez l'Eau emplir l'objet de courants d'équilibre émotionnel.

Jetez un peu de sel sur l'objet, en disant :

Je te consacre et je te charge par le pouvoir de l'élément Terre.

En même temps, visualisez l'endurance et la stabilité de la Terre entrer dans l'objet.

Pour finir, élevez l'objet vers les représentations symboliques de la Déesse et du Dieu sur votre autel, et dites :

Je te consacre et je te charge par les pouvoirs divins
Puisse la puissance du Dieu être toujours en toi
Puisse la sagesse de la Déesse définir ta fonction
Pour servir mon intention et parfaire ma volonté.
Qu'il en soit ainsi !

Après avoir purifié et consacré votre outil, vous devrez l'envelopper de soie ou, si vous préférez, d'un autre tissu naturel comme de la laine, du coton ou du lin, pour contribuer à préserver sa charge. Selon une ancienne croyance bien attestée, vos outils ne devraient jamais être touchés par une autre personne, la seule exception étant un outil qui est partagé par les membres d'un groupe durant un rituel.

29. LES GESTES MAGIQUES

Quand vous rencontrez une personne pour la première fois, sa posture est un indice subtil qui vous permet de mieux la cerner. Est-ce qu'elle se tient bien droite, s'affirmant avec fierté, ou voûtée, comme si elle voulait se cacher dans un coin ? La façon dont vous réagissez à une personne est influencée par sa posture et par son langage corporel.

De même, la manière dont vous vous tenez quand vous faites de la magie est très importante. Vous ne devriez jamais être avachi ! Quand vous êtes debout, gardez votre dos bien droit. Ceci facilite la circulation d'énergie dans votre corps, que vous voulez évidemment optimiser quand vous faites de la magie.

De même, quand vous êtes assis pour méditer, veillez à avoir le dos bien droit. Une posture avachie est le signe d'un manque de concentration et peut contrarier l'énergie que vous essayez de concentrer pour faire fonctionner votre magie.

En mettant un coussin sous vos fesses quand vous êtes assis en tailleur, vous pourrez rester confortablement dans cette position plus longtemps et vous courrez moins de risques d'être distrait par des douleurs ou des fourmillements. De même, si vous pratiquez assis contre un mur, vous vous habituerez rapidement à la posture que vous adoptez lorsque vous avez le dos droit.

Quand vous êtes assis en méditation, laissez vos mains reposer sur vos genoux, les paumes vers le haut. Cela montre que votre énergie coule vers l'extérieur, dans votre cercle magique. Cependant, si la méditation est purement intérieure, vous pouvez mettre vos mains paumes vers le bas pour faire de votre corps un circuit énergétique fermé, l'énergie circulant uniquement en vous.

Si c'est approprié, vous pouvez mettre vos mains dans des positions qui sont en affinité avec l'énergie de votre opération. Une posture des mains qui s'utilise fréquemment consiste à faire reposer le pouce sur l'ongle de l'index (replié), les trois autres doigts de chaque main légèrement incurvés. Ceci représente le contrôle de l'ego (symbolisé par l'index) par le soi supérieur (symbolisé par le pouce).

Ne vous allongez pas pour méditer : vous risqueriez de vous endormir. Vous devriez vous asseoir en tailleur si vous pouvez le faire confortablement. Si vous avez du mal à rester assis sur le sol, mettez dans le cercle une chaise sur laquelle vous pouvez vous asseoir pour méditer ou durant les parties calmes du rituel.

Il est préférable que ce soit une chaise plutôt qu'un tabouret pour que vous puissiez maintenir votre dos droit contre le dossier. Généralement, quand on est assis sur une chaise, on place les mains sur les cuisses, paumes vers le bas, le bout des doigts atteignant tout juste les genoux. Cette position vous aide à maintenir votre concentration et facilite la circulation de l'énergie.

Dans un chapitre ultérieur, nous parlerons des pentagrammes élémentaux, qui sont une forme de geste magique. Il y a beaucoup d'autres gestes magiques, dont certains peuvent aisément être intégrés au rituel wiccan avec de très bons résultats. Le mouvement implique action et changement, et c'est ce que vous provoquez lorsque vous pratiquez la Wicca. Il est donc important d'être attentif aux gestes de vos mains : vous pouvez vous en servir pour symboliser des énergies et des actions particulières, aidant ainsi votre esprit à se concentrer plus précisément sur l'intention de votre opération.

30. LES GESTES ÉLÉMENTAUX

Vous pouvez utiliser un ensemble de gestes élémentaux qui consistent à faire les signes des éléments avec les mains. Il s'agit de positionner les doigts de façon à faire le triangle qui correspond à chaque élément, en maintenant entre ces quatre gestes une cohésion et une impression d'uniformité. Ces quatre signes élémentaux sont tirés de l'hexagramme, qui est une représentation de l'univers tout entier, de même que la combinaison des quatre éléments compose tout ce qui existe dans l'univers physique.

Air

Faites un triangle pointe vers le haut, l'extrémité des pouces se touchant pour former la base du triangle et vos doigts, unis également par leur extrémité, formant les deux autres côtés. Les index et les majeurs doivent être abaissés horizontalement, de sorte que ceux d'une main reposent sur ceux de l'autre, parallèlement aux pouces. Notez qu'il est inutile que l'extrémité des auriculaires se touche ; il suffit qu'ils soient placés contre les annulaires.

Feu

Là aussi, faites un triangle pointe vers le haut, les pouces se touchant par leur extrémité pour former la base et les autres doigts formant les deux autres côtés du triangle, se touchant également par leurs extrémités.

Eau

Placez les mains de sorte qu'elles soient paumes vers le bas, et faites se toucher vos pouces par leur extrémité pour former la base horizontale du triangle. Les autres doigts, dirigés vers le bas, se touchent par leurs extrémités pour former les deux autres côtés du triangle, pointe en bas.

Terre

Placez les mains de sorte qu'elles soient paumes vers le bas, et faites se toucher vos pouces par leur extrémité pour former la base horizontale du triangle. Placez les autres doigts comme pour le geste de l'Eau, mais mettez les index et les majeurs horizontalement, de sorte que ceux d'une main reposent sur ceux de l'autre, afin de former une barre horizontale parallèle au côté horizontal supérieur du triangle.

Positions élémentales alternatives pour les mains

Vous pouvez utiliser efficacement les gestes suivants comme alternative aux gestes précédents. Ils sont plus simples à réaliser et nous les avons trouvés utiles comme point focal pendant des cérémonies avec un grand groupe, ainsi que dans des cercles de formation et lors de cérémonies publiques.

Air

Les pouces entrelacés afin d'imiter un oiseau pour symboliser l'élément Air.

Feu

Les pouces et les index réunis de façon à former la pointe d'un triangle pointe vers le haut, ce qui est le symbole de l'élément Feu.

Eau

Les mains réunies en coupe, comme pour prendre de l'eau, pour symboliser l'élément Eau.

Terre

Les mains côte à côte, bien à plat, pour symboliser la stabilité de l'élément Terre.

31. LES PENTAGRAMMES ÉLÉMENTAUX

Les éléments sont attribués aux pointes du pentagramme dans le sens des aiguilles d'une montre, en commençant avec l'Esprit au sommet, puis l'Eau, le Feu, la Terre et l'Air. Les pentagrammes élémentaux sont utilisés par la personne qui invoque les Gardiens élémentaux et sont tracés pour servir de portails par lesquels les énergies élémentales peuvent entrer dans le cercle.

À l'origine, on ne se servait que du pentagramme d'invocation de la Terre pour tous les Gardiens des Tours de Guet, mais c'est parce qu'on ne les voyait pas spécifiquement comme des êtres élémentaux. Donc si vous les appelez comme des Seigneurs non élémentaux des directions cardinales, comme nous en avons parlé dans le chapitre sur les Gardiens des Tours de Guet, vous pouvez si vous préférez ne vous servir que du pentagramme d'invocation de la Terre (et du pentagramme de bannissement de la Terre pour les renvoyer).

Quand vous tracez un pentagramme, il devrait être d'une taille raisonnable. Tendez le bras et imaginez les cinq pointes dans l'air devant vous, devant votre tête, vos épaules et vos hanches. C'est à ces endroits-là dans l'air que doit se situer la pointe de votre outil ou le bout de vos doigts, formant un pentagramme de plusieurs dizaines de centimètres de largeur.

Par exemple, si vous faites le pentagramme d'invocation de la Terre, vous commencez avec le bras tendu de façon à ce que votre main dominante soit devant le haut de votre tête. Ensuite, vous descendez le bras en diagonale vers la gauche jusqu'à une position devant votre hanche gauche, puis en diagonale vers la droite et le haut pour que votre main soit devant votre épaule droite. Poursuivez le trait à l'horizontale vers la gauche, jusqu'à ce que votre main soit devant votre épaule gauche, puis faites-la descendre en diagonale vers la droite jusqu'à ce qu'elle soit devant votre hanche droite. Enfin, complétez le pentagramme en remontant votre main en diagonale vers la gauche pour qu'elle revienne à sa position de départ devant le haut de votre tête.

Votre bras doit rester tendu durant tout le tracé et vos mouvements doivent être fluides plutôt que saccadés, de sorte que le pentagramme soit tracé en un seul geste continu et harmonieux. Si vous avez du mal à tracer les pentagrammes, voici un moyen simple de vous entraîner à y parvenir plus facilement. Tracez de grands pentagrammes sur des feuilles de papier A3 en indiquant la direction correspondant aux différents pentagrammes pour savoir où vous devez les placer. Fixez une feuille sur un mur de votre maison devant lequel vous pouvez facilement vous tenir debout et entraînez-vous à tracer ce pentagramme dans l'air devant vous de votre main dominante, jusqu'à ce que vous fassiez ce geste de façon parfaitement fluide et naturelle.

Souvenez-vous que pour invoquer, votre premier trait doit être dirigé vers la pointe de l'élément que vous invoquez ; et que pour bannir, il doit partir de cette pointe. Ainsi, vous tracerez très vite des pentagrammes parfaits dans vos rituels.

Pentagrammes élémentaux d'invocation

Pentagrammes élémentaux de bannissement

On se sert des pentagrammes élémentaux quand on invoque les Gardiens des Tours de Guet pour aider ces derniers à entrer dans le cercle. Les pentagrammes eux-mêmes agissent à la fois comme un portail que les Gardiens peuvent franchir et comme une protection supplémentaire pour le cercle.

L'emploi des pentagrammes élémentaux est un choix personnel : certains groupes s'en servent, d'autres n'utilisent que des pentagrammes d'invocation et de bannissement de la Terre, d'autres encore s'en passent tout à fait.

Les pentagrammes élémentaux servent de portail pour que la force de l'élément puisse venir ou repartir. En plus de leur emploi pour l'appel des Tours de Guet, on s'en sert parfois dans des rituels et des sorts de bénédiction (pour représenter une énergie élémental particulière).

Si vous préférez, vous pouvez visualiser les pentagrammes dans la couleur correspondant à l'élément au lieu de les voir tous de couleur dorée. Donc, par exemple, vous pouvez visualiser un pentagramme jaune doré pour l'Air, un pentagramme rouge feu pour le Feu, un pentagramme bleu brillant pour l'Eau et un pentagramme vert forêt pour la Terre.

32. LES PAYSAGES ÉLÉMENTAUX

Quand vous tracez un pentagramme élémental, vous ouvrez dans votre cercle un portail pour les forces de cet élément. Pour faciliter ce processus, vous pouvez visualiser le paysage élémental de cet élément dans le pentagone au milieu du pentagramme.

En même temps, vous allez ressentir l'énergie de cet élément entrer dans votre cercle. Pour l'Air, cela peut se manifester comme une brise qui vient vous caresser ; pour le Feu, comme une soudaine sensation de chaleur ; pour l'Eau, comme une impression de moiteur dans l'air qui vous entoure ; et pour la Terre, comme une sensation de solidité et de lourdeur.

Paysage de l'Air

Le paysage de l'Air est surtout aérien. Voyez un ciel bleu, parcouru à l'infini de nuages blancs de toutes sortes, depuis les cirrus effilochés, haut dans le ciel, jusqu'aux cumulus et aux stratus plus floconneux davantage proches du sol. Diverses espèces d'oiseaux volent dans le ciel : des rapaces comme les aigles et les faucons, des volées d'hirondelles, des formations en V d'oies sauvages et vous pouvez même voir des créatures volantes mythiques comme des pégases ou des griffons.

Paysage du Feu

Le paysage du Feu est un désert de sable brûlant. Traversant le désert, vous voyez un fleuve de lave fondue provenant d'un volcan au loin. Les dunes s'étendent dans toutes les directions, comme de gigantesques vagues de sable et l'air est chaud et sec, entièrement dépourvu d'humidité. Il y a aussi quelques arbres par-ci, par-là, à l'écorce rouge écarlate et dont les feuilles sont de petites flammes. On peut voir des créatures telles que des lézards, des serpents et des salamandres, ainsi que des créatures mythiques comme le phénix et le basilic.

Paysage de l'Eau

Le paysage de l'Eau est un rivage. Un fleuve se jette du haut d'une falaise, formant une chute d'eau qui plonge dans la mer en dessous, agitée de ses marées. Sur la plage, vous pouvez voir des rochers partiellement recouverts d'algues, attendant que la marée revienne. Dans l'eau, vous pouvez apercevoir des créatures comme des dauphins et des baleines, ainsi que des créatures mythiques comme des sirènes et des capricornes.

Paysage de la Terre

Le paysage de la Terre est une chaîne de montagnes avec une forêt sur les pentes basses. On peut y voir toutes sortes d'arbres différents, tant à feuilles caduques qu'à feuilles persistantes, leur feuillage d'innombrables teintes de vert, parsemé de fleurs et de baies rouges et blanches. La forêt est remplie de créatures comme des daims, des sangliers, des ours, des loups et des lynx. Vous pouvez aussi y voir des créatures mythiques comme des gnomes, des nymphes, des faunes et des dryades qui jouent ou se cachent dans les sous-bois.

APPENDICES

A. SYMBOLES IMPORTANTS

Le pentagramme

Le pentagramme est le symbole le mieux connu de la Wicca moderne. Il représente l'équilibre et la perfection du soi. Ses cinq pointes représentent les cinq éléments : l'Air, le Feu, l'Eau, la Terre et l'Esprit au sommet. Ils représentent aussi les cinq sens de l'être humain (l'ouïe, l'odorat, la vie, le goût et le toucher) ou ses cinq membres (les deux jambes, les deux bras et la tête). On peut aussi le voir comme représentant les cinq doigts de la main ou les cinq orteils du pied. Il est utilisé pour les consécrations et les bénédictions, ainsi que pour les invocations. Il sert de protection et de portail pour les Gardiens des Tours de Guet. On marque en général le pentacle d'un pentagramme et on confond souvent ces deux mots. Pour dire les choses simplement, le pentacle est un disque utilisé comme outil pour les consécrations et le pentagramme un symbole en forme d'étoile à cinq pointes, en général représenté sous la forme du « nœud infini » montré ci-dessus.

L'hexagramme

L'hexagramme, ou étoile à six pointes, représente l'univers. Il résume aussi l'axiome « Ce qui est en haut est comme ce qui est en bas » car il est formé de deux triangles entrelacés, l'un pointe vers le haut et l'autre pointe vers le bas. Le triangle pointe en bas représente la Déesse et l'élément Eau ; le triangle pointe en haut représente le Dieu et l'élément Feu. Le triangle pointe vers le haut haut, combiné avec la ligne horizontale de la base de l'autre triangle, représente l'élément Air. Le triangle pointe vers le bas avec la ligne horizontale de la base du triangle pointe vers le haut représente l'élément Terre. Ainsi, l'hexagramme combine les symboles des quatre éléments, qui composent la totalité de l'univers matériel.

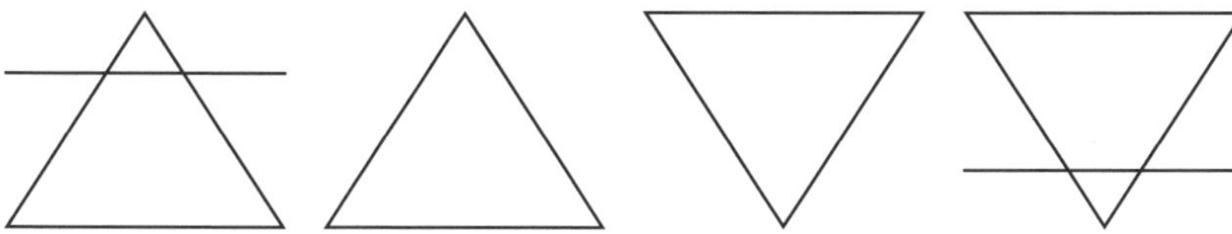

AIR FEU EAU TERRE

La Déesse

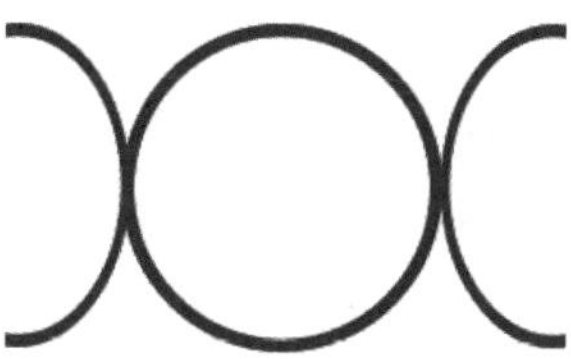

On se sert parfois de ce symbole pour représenter la Déesse sous son aspect triple de Jeune Fille, Mère et Vieille Femme, mais nous l'utilisons surtout comme un symbolc général pour représenter la nature toujours changeante de la Déesse qui, comme la lune, peut adopter de nombreux rôles différents dans les mythes et dans notre vie. On peut aussi représenter la Déesse par un simple croissant de lune.

Le Dieu cornu

Ce symbole est utilisé pour représenter le Dieu cornu. C'est aussi bien sûr le symbole astrologique du signe du Taureau. On peut voir le croissant comme représentant les cornes du Dieu, tandis que le cercle peut être vu comme symbolisant le soleil, qui est souvent associé au Dieu cornu dans la tradition wiccane.

L'ankh

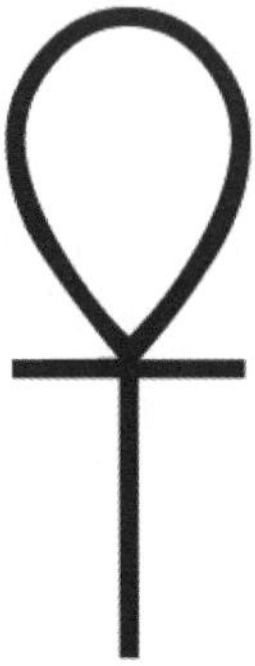

Le symbole égyptien pour la vie que beaucoup de wiccans portent comme signe de leur dévotion aux dieux, en particulier s'ils travaillent avec les déesses et les dieux du panthéon égyptien. On croit que l'ankh a inspiré la création du symbole de la planète Vénus utilisé en astrologie. Vénus, bien sûr, est aussi une planète féminine et c'est pourquoi on peut se servir de l'ankh pour symboliser le divin féminin.

CORRESPONDANCES DES COULEURS

Rouge	Le rouge symbolise l'amour sexuel, la colère (« elle a vu rouge »), le courage, le danger, le dynamisme, l'énergie, l'estime de soi, la motivation, la passion, le sang, la stimulation, le succès, la volonté et la vitalité. Le rouge est utilisé pour écrire les noms d'êtres comme les dieux et les anges depuis l'époque de l'ancienne Égypte, pour représenter leur pouvoir. Les cordes ou les fils rouges sont associés aux esprits et aux êtres éthérés. Cette couleur est associée à la planète Mars et à l'élément Feu.
Orange	L'orange symbolise l'amélioration de la chance, la communication, la connaissance, le courage, la créativité, le développement de l'estime de soi, la force émotionnelle, la gestion des traumatismes, l'inspiration, la prospérité, les questions juridiques, la stimulation de la fertilité et le voyage. L'orange est associé à la planète Mercure et parfois à l'élément Feu.
Jaune	Le jaune symbolise l'amélioration de la mémoire, la communication, l'équilibre émotionnel, l'harmonie, l'illumination, la richesse, la stimulation mentale et le voyage. Le jaune est quelquefois associé à la lâcheté (« foie jaune »). Le jaune est la couleur la plus réflective et il aide à l'introspection. Il est associé au Soleil et à l'élément Air.
Vert	Le vert symbolise la beauté, la croissance, l'équilibre, la fertilité, l'harmonie, la jalousie (« vert de jalousie »), la nature, l'encouragement, la sérénité, la vérité. Le vert est la couleur de la vie végétale car c'est la couleur du pigment de la chlorophylle, utilisée pour la photosynthèse. Le vert est associé à la planète Vénus et à l'élément Terre.

Bleu	Le bleu symbolise l'amélioration de la perception, le calme mental, la clarté, la compréhension, la guérison, l'illumination, la méditation, le nettoyage, la protection, la purification, la sagesse, la sincérité, le succès, la tranquillité. Le bleu peut aussi représenter la froideur envers les autres et le malheur, comme dans « avoir le blues ». Le bleu est la première couleur que nous reconnaissons quand nous voyons des couleurs et elle fait penser au spirituel, d'où son utilisation en guérison et dans la visualisation du tracé du cercle. Le bleu est associé à la planète Jupiter et à l'élément Eau (certaines personnes utilisent le bleu ciel pour l'Air).
Indigo	L'indigo symbolise les pouvoirs psychiques actifs, la créativité, la victoire sur les émotions négatives, les nouvelles perspectives et la sagesse. L'indigo est associé à la planète Jupiter. Il peut aussi être utilisé pour représenter l'élément de l'Esprit.
Violet	Le violet symbolise l'ambition, l'amélioration de la chance, l'amour spirituel, la compassion, le développement des facultés psychiques, le développement spirituel, l'équilibre holistique du mental, du corps et de l'esprit, l'illumination, la lutte contre la dépression, la noblesse, le pouvoir, la réalisation et le travail astral. Il est associé à la planète Uranus et à l'élément de l'Esprit. Il peut aussi être utilisé pour représenter la Lune.
Rose	Le rose symbolise l'amitié, l'amour, la beauté, le calme, l'équilibre, la fidélité, la gentillesse, l'harmonie, l'honneur, l'intégration, le romantisme, la subtilité et la tranquillité. Le rose est une couleur d'opposés : il peut être à la fois frais (« rose froid ») ou très chaud (« rose fuchsia »). Il est associé à la planète Vénus et il peut aussi être associé au Soleil (attribution kabbalistique).
Turquoise	Le turquoise symbolise le calme, la chance, l'harmonie spirituelle, la joie, la perfection, la pureté et la sérénité. Le turquoise est associé à la planète Jupiter et il peut représenter l'élément Air, en tant que ciel.
Marron	Le marron symbolise l'ancrage, l'endurance, la patience, la résolution, le sens pratique, la sécurité, la stabilité, la tolérance. Le marron est associé à l'élément Terre et il est parfois utilisé pour représenter la planète Saturne.

Blanc	Le blanc symbolise l'accomplissement, la bénédiction, le calme après le stress et les émotions négatives, le changement, la chasteté, l'esprit, la guérison, l'innocence, la perfection, la propreté, la pureté, le sacré, la sagesse, la spiritualité et la vérité. Le blanc est la somme de toutes les couleurs et quand on le décompose, on voit qu'il contient le spectre entier des couleurs de l'arc-en-ciel, donc il est parfait pour la transformation du soi. On associe souvent le blanc à la divinité et il peut donc représenter l'élément de l'Esprit. Le blanc est aussi associé à la planète Pluton et il est parfois utilisé comme couleur lunaire ; et aussi pour l'élément Eau sous forme de glace.
Noir	Le noir symbolise l'aboutissement, l'absorption de la négativité, l'affirmation de soi, la concentration, la divination, l'enchaînement, la gestion de la dépression et du chagrin, la protection, le potentiel non manifesté. Il peut aussi être associé à l'injustice (« noircir son nom ») ou à un comportement cruel (« il avait un cœur noir »). En tant qu'absorption de toutes les couleurs (ou plus exactement une absence de couleur), le noir est une couleur très protectrice. Le noir est associé à la planète Saturne et à l'élément de l'Esprit. De manière déroutante, il peut aussi parfois être attribué à l'élément Terre en tant que signe de fertilité, comme la boue du Nil en ancienne Égypte.
Gris	Le gris symbolise la neutralité et la dissipation des influences négatives. Il est associé à la planète Neptune et il est aussi parfois utilisé pour symboliser la Lune. Le gris et l'argent peuvent être utilisés de façon interchangeable.
Argent	L'argent symbolise les travaux en astral et en rêve, le développement du psychisme, la voyance et la versatilité. Il est associé à la Lune. L'argent et le blanc sont parfois utilisés de façon interchangeable.

C. CORRESPONDANCES NUMÉRIQUES

1	Nombre de l'unité et de la totalité. On considère parfois que le nombre 1 est celui de l'esprit divin, celui de l'énergie de la vie qui imprègne toute chose, au-delà du genre ou de toute division. C'est le commencement, la manifestation initiale à partir du rien. Il ne peut être divisé que par lui-même et c'est un facteur de tous les autres nombres entiers, montrant l'esprit divin en toutes choses. Le 1 est aussi le nombre du soi, de l'individu. On peut le voir comme un nombre d'autonomie, celui de l'individu isolé. Il représente le point en tant que première manifestation de l'existence.
2	Nombre de la dualité, de la polarité des opposés. Les polarités sont dualistes, donc nous avons la Déesse et le Dieu, la lumière et l'obscurité, le féminin et le masculin, le jour et la nuit, le noir et le blanc, le positif et le négatif, l'action et la réaction, l'onde et la particule, etc. C'est un nombre complémentaire, car l'équilibre est atteint par l'union des polarités opposées et ceci se voit très clairement dans les relations. En Wicca, le 2 est souvent vu comme un nombre masculin, comme les cornes du Dieu cornu. Le 2 est un nombre de choix car il n'y a plus qu'une seule perspective : vous devez choisir et vous pouvez être mis devant les deux termes d'une alternative. Il représente la ligne qui relie deux points et on peut la voir comme le lingam ou le phallus, l'énergie masculine.

3	La trinité, où l'union des opposés produit une troisième force complémentaire. En Wicca, le 3 est souvent considéré comme un nombre féminin, comme les trois aspects de la Déesse : Jeune Fille, Mère et Vieille Femme. On peut aussi le voir comme le nombre de l'Enfant de la Promesse, le résultat de l'union de la Déesse et du Dieu. C'est le nombre de Saturne et de la forme, car il nous donne la première forme, le triangle. Le 3 est un nombre magique très courant ; il forme la triade, laquelle se manifeste dans une immense variété de groupements significatifs, comme les trois principes de la vie, de la mort et de la renaissance, ou de la terre, du ciel et de l'inframonde, les trois Parques, les trois Grâces, etc.
4	Le 4 est le quaternaire, le carré ou la croix à branches égales. C'est le nombre de la stabilité, avec la solidité du carré. C'est l'équilibre, et donc les quatre éléments et les quatre directions. Avec le 4, nous passons en trois dimensions avec le tétraèdre et la quatrième dimension du temps est impliquée, car une fois qu'une chose a une forme, elle existe dans les dimensions de l'espace et a une durée. C'est aussi deux au carré, ce qui indique encore une fois la stabilité. C'est le nombre de Jupiter.
5	C'est le nombre de l'être humain, le microcosme. Le 5 représente la manifestation de l'esprit dans la matière, le pentagramme, et on peut donc le voir comme un nombre d'activité et de mouvement. Le 5 est aussi la réunion harmonieuse des éléments : l'Air, le Feu, l'Eau, la Terre et l'Esprit. On peut aussi le voir comme le nombre du mariage sacré du deux masculin avec le trois féminin, d'où les cinq points de la communauté quand deux personnes s'embrassent. Nous avons cinq sens physiques et cinq doigts à chacune de nos extrémités, donc 5 est tout à fait le nombre générique de l'humanité. C'est le nombre de Mars.

6	Le 6 est le nombre de l'univers, du macrocosme ; de l'hexagramme, qui est deux fois trois et comme tel, il représente l'équilibre de la Déesse et du Dieu sous la forme des triangles pointe vers le bas et pointe vers le haut. Le 6 est un nombre de perfection, car il est le seul nombre produit à la fois en ajoutant et en multipliant ses facteurs (1 + 2+ 3, 1× 2 × 3). C'est le nombre du Soleil. Le cube aussi symbolise le 6, avec ses six faces. Le 6 indique enfin le pouvoir invisible, comme dans le sixième sens.
7	Le nombre de l'accomplissement, qui a toujours été considéré comme l'un des nombres les plus mystiques. Il y a sept jours dans une semaine, sept couleurs dans un arc-en-ciel, sept notes dans la gamme musicale, sept chakras majeurs, sept planètes classiques... et la liste est encore longue. C'est le nombre de Vénus et il est donc associé à l'amour. On considère aussi que c'est un nombre mystique qui unit la triplicité divine au quaternaire matériel et solide.
8	Considéré comme un nombre magique qui représente l'énergie mercurienne du changement, de la communication et de la guérison. C'est aussi un nombre de solidité, car c'est le premier nombre cube (2 × 2 × 2), et si vous regardez un cube vous verrez qu'il a huit coins. Pour ces raisons, le 8 est aussi un nombre de plénitude.
9	Nombre lunaire, associé aux cycles et à l'aboutissement, car c'est le dernier nombre simple avant 10 et aussi parce que 9 est unique en ceci que tout nombre multiplié par 9 donnera toujours un produit dont la somme des chiffres vaut 9. Il y a neuf planètes dans notre système solaire et 9 est attribué à plusieurs groupes d'êtres, comme les neuf Muses, les neuf ordres angéliques, etc. C'est 3 × 3 et on le voit donc comme un nombre de la Déesse. Cela est encore renforcé par les neuf mois de la grossesse humaine.

10	Nombre de l'équilibre et de la stabilité. C'est la somme des quatre premiers nombres, 1, 2, 3 et 4. En tant que tel, il représente tous les éléments en équilibre et c'est pourquoi il est le nombre de la planète Terre. Nous faisons nos calculs sur la base du 10, qui est basée sur nos dix doigts, et il y a dix sphères sur l'arbre de vie. Le 10 indique un changement d'échelle, au-delà des nombres simples. Le 10 est aussi l'unité originale étendue dans la pleine manifestation (comme l'indique le cercle du O après le 1), incarnant le principe de « Ce qui est en haut est comme ce qui est en bas ».
11	Le 11 est considéré comme le nombre de la magie. C'est le 1 au-delà du 10, l'influence invisible des énergies subtiles. Le premier nombre formé par une répétition : 1 et 1, symbolisant la tension créatrice entre deux forces en opposition, la polarité qui sous-tend la magie. C'est aussi le premier nombre qui s'additionne pour donner quelque chose de différent (deux), impliquant le changement. 11 est aussi le nombre d'Uranus.
12	Le 12 est le nombre du zodiaque et c'est donc un nombre stellaire. Nous avons douze mois dans l'année solaire (et bien sûr notre Soleil est une étoile). C'est un nombre d'achèvement, celui du cycle complet, et il est le produit du 3 féminin multiplié par le 4 masculin.
13	Nombre lunaire en raison des treize lunes d'une année. 13 est aussi la somme de 4 et de 9, les carrés de 2 et de 3, ce qui en fait un nombre d'union.
22	22 est considéré comme un nombre magique en raison de ses associations kabbalistiques. Il y a vingt-deux sentiers sur l'arbre de vie, vingt-deux lettres hébraïques et vingt-deux arcanes majeurs dans le tarot. C'est aussi le produit de 2 et de 11, impliquant un changement d'une magnitude encore supérieure à celui du 11.

D. CORRESPONDANCES PLANÉTAIRES

Soleil

Couleurs	Jaune, or, orange
Direction	Sud
Outil	Épée
Parfums	Camomille, cannelle, genévrier, gingembre, oliban, romarin
Cristaux	Ambre, calcite orange, diamant, pierre de soleil, topaze, zircon
Métal	Or
Nombres	6, 36, 216, 666
Gouverne	Lion
Intentions	Amitié, avancement, charisme, commandement, croissance, domination, guérison, harmonie, illumination, individualité, joie, pouvoir, richesse, succès, volonté
Jour	Dimanche
Élément	Feu

Lune

Couleurs	Argent, blanc
Direction	Nord-ouest
Outil	Miroir magique
Parfums	Anis (graine), camphre, jasmin, myrrhe, ylang-ylang
Cristaux	Calcédoine, perle, pierre de lune, quartz
Métal	Argent
Nombres	9, 13, 28, 81, 999
Gouverne	Cancer
Intentions	Accroissement, capacités médiumniques, changements de forme, charme, clairvoyance, cycles, divination, fertilité, intuition, marées, mystère, naissance, réconciliation, rêves, secrets, sorts, transformation, travail astral
Jour	Lundi
Élément	Eau

Terre

Couleurs	Marron, noir, vert
Direction	Nord-est
Outil	Tambour
Parfums	Patchouli, pin, vétiver
Cristaux	Ambre, aventurine, chrysocolle, émeraude, jadéite, néphrite, onyx, staurolite
Métal	N/A – on se sert souvent de corne
Nombre	10, 100
Gouverne	-
Intentions	Conscience, endurance, forme, force, foyer, manifestation, nature, patience, persévérance, solidité, tolérance
Élément	Tous les quatre combinés

Mercure

Couleurs	Bleu clair, multicolore, orange
Direction	Est
Outil	Caducée
Parfums	Carvi, citron, citron vert, eucalyptus, lavande, santal
Cristaux	Agate, citrine, opale
Métal	Mercure, aluminium
Nombres	8, 64, 88, 888
Gouverne	Gémeaux, Vierge
Intentions	Affaires, commerce, communication, compréhension, connaissance, créativité, divination, examens, flexibilité, guérison, humour, intelligence, littérature, magie, mémoire, musique, retrouver des objets perdus, science, voyage
Jour	Mercredi
Élément	Air

Vénus

Couleurs	Rose, vert
Direction	Centre
Outils	Ceinture, collier
Parfums	Benjoin, géranium, lotus, menthe poivrée, menthe pouliot, rose
Cristaux	Émeraude, jadéite, malachite, néphrite, péridot, quartz rose, zoïsite
Métal	Cuivre
Nombres	7, 49, 343, 777
Gouverne	Balance, Taureau
Intentions	Amour, art, attraction, beauté, culture, émotions, fertilité, élégance, harmonie, inspiration, passion, paix, plaisir, renforcer l'amitié, sensualité, sexualité, sociabilité

Jour	Vendredi
Élément	Terre

Mars

Couleur	Rouge
Direction	Sud-ouest
Outils	Lance, fléau
Parfums	Basilic, gingembre, hysope, poivre noir, rue
Cristaux	Grenat, hématite, héliotrope, magnétite, rubis, spinelle
Métal	Fer, airain
Nombres	5, 25, 125, 555
Gouverne	Bélier, co-gouverneur du Scorpion
Intentions	Conflit, courage, discorde, ego, force, motivation, passion, pulsion sexuelle, questions militaires, revanche, vengeance, vigueur
Jour	Mardi
Élément	Feu

Jupiter

Couleurs	Bleu, violet
Direction	Sud-est
Outils	Sceptre, baguette
Parfums	Cèdre, hysope, santal
Cristaux	Lapis-lazuli, saphir, sodalite, turquoise
Métal	Étain
Nombres	4, 16, 64, 444
Gouverne	Sagittaire, co-gouverneur des Poissons

Intentions	Affaires, ambition, ascendant, autorité, bonne santé, carrière, chance, commandement, dévotion, droit, enthousiasme, éthique, expansion, fortune, gagner une amitié, honneur, humour, philosophie, politique, religion, responsabilité, richesse, succès, vérité
Jour	Jeudi
Éléments	Air/Eau

Saturne

Couleurs	Marron, noir
Direction	Nord
Outils	Faucille, faux
Parfums	Camphre, lavande, myrrhe
Cristaux	Corail, jais, obsidienne, onyx, quartz fumé
Métal	Plomb
Nombres	3, 9, 29, 333
Gouverne	Capricorne, co-gouverneur du Verseau
Intentions	Agriculture, autorité, autodiscipline, devoir, enseignement, équilibre, formation, forme, histoire, limitation, mémoire, mort, patience, prudence, questions juridiques, restriction, sagesse, temps
Jour	Samedi
Élément	Terre

E. COMMENT FAIRE BRÛLER DE L'ENCENS EN GRAINS

On se sert souvent d'encens en grains dans les cérémonies wiccanes, comme offrande pour des rites de purification, pour des consécrations et comme représentation symbolique de l'élément Air. On dépose les grains sur une pastille de charbon dans un récipient ignifugé ou dans un encensoir qui est placé sur l'autel et que l'on peut parfois promener autour du cercle, surtout lorsque l'on fait des purifications ou des bénédictions. Pour faire brûler de l'encens en grains, il vous faudra :

- de l'encens en grains (un mélange spécialement préparé ou une résine qui peut brûler seule, par exemple de l'oliban) ;
- des pastilles de charbon ;
- un plat résistant à la chaleur ou un encensoir prévu à cet effet ;
- des allumettes ou un briquet pour allumer la pastille de charbon.

Vous devez d'abord préparer le récipient dans lequel vous allez faire brûler l'encens. C'est une bonne idée de mettre un peu de sable ou de gravier fin propre au fond du récipient, car cela va contribuer à isoler la chaleur et permettra aussi à l'air de circuler plus efficacement sous le charbon allumé, ce qui permettra aussi au charbon et à l'encens de brûler de façon plus régulière. Une fois que vous avez préparé le récipient, l'étape suivante est d'allumer le charbon. Pour cela, mettez le bord de la pastille dans une flamme (un briquet ou une bougie feront l'affaire). Si vous ne voulez pas risquer de vous brûler les doigts, utilisez une vieille pince pour la tenir. Quand le charbon est allumé, vous devez le mettre dans l'encensoir et le laisser devenir bien rouge. Il peut arriver que le charbon ne veuille pas s'allumer et dans certains cas, vous devrez vous y prendre à deux reprises, mais avec la majorité des pastilles de charbon à allumage rapide de bonne qualité, vous devriez être capable de voir des étincelles la parcourir. Une fois que la pastille est allumée, mettez environ ¼ à ½ cuillère à café d'encens en grains dessus et profitez du parfum qu'il répand ! Chaque type d'encens en grains et de mélange brûle à un rythme différent ; vous devez donc garder un œil sur l'encensoir et y ajouter de l'encens au besoin.

Un peu de bon sens :

- Si vous souffrez de problèmes respiratoires ou si vous êtes sujet aux allergies, il vaut mieux éviter de se servir d'encens dans un espace clos.
- Ne laissez pas d'encens brûler sans surveillance.
- Traitez les charbons allumés avec prudence ; tenez-les constamment à l'écart de tout objet inflammable.
- Il peut arriver qu'une pastille fasse beaucoup d'étincelles en s'allumant, donc faites très attention en allumant vos charbons car ces étincelles peuvent mettre le feu à des objets inflammables situés à proximité ou endommager les vêtements, la moquette ou les tissus d'ameublement.

F. MOINS DE 18 ANS

Par la pop culture, le public est de plus en plus exposé à la sorcellerie et à la Wicca et elles sont devenues très populaires chez les adolescents. Cependant, comme ils sont encore légalement mineurs, leur implication peut présenter de nombreux problèmes. Les conseils que l'on donne aux adolescents qui s'intéressent à la Wicca ne sont pas ce qu'ils veulent entendre en général ! Normalement, les groupes et les individus honorables ne travaillent pas avec des gens de moins de 18 ans, pour éviter tout problème sur le plan légal. À 18 ans, on est considéré comme adulte en France, capable de faire ses propres choix.

Que peuvent donc faire les adolescents en attendant leur majorité ? Il y a un nombre toujours croissant de livres qui s'adressent spécifiquement aux adolescents et rien ne les empêche de lire également d'autres livres sur le sujet. En apprenant l'éthique, les croyances et les pratiques de la Wicca, un adolescent peut se faire une idée plus claire de ce dont il s'agit et savoir si c'est vraiment quelque chose qui l'intéresse sérieusement, ou si c'est une simple passade ou une envie de suivre la mode. Il existe aussi des sites Internet qui ont des sections s'adressant spécifiquement aux adolescents, qui sont sans danger et peuvent leur permettre d'apprendre plus de choses dans un environnement positif. Si un ado est toujours intéressé par la Wicca à 18 ans, ce qu'il aura appris auparavant de cette tradition et de ses pratiques lui sera très utile.

F. ÉTUDES EN SOLITAIRE

Cette question peut sembler triviale mais elle est souvent posée par les débutants qui souhaitent travailler en solitaire. Notre conseil est d'apprendre en consultant autant de sources que possible ; vous pourrez ainsi trouver votre propre façon de faire les choses.

Lisez tous les livres que vous pouvez, cherchez des informations sur Internet, inscrivez-vous sur des forums où vous pouvez interagir avec d'autres personnes et posez des questions, rendez-vous à des cérémonies publiques s'il y en a dans votre région, assistez à des ateliers et à des conférences, suivez des cours par correspondance, etc. Notre conseil inclura toujours que vous devez en apprendre autant que possible sur la mythologie, le folklore associé à l'endroit où vous vivez et les cultures qui vous intéressent le plus, et apprenez à connaître les pratiques magiques comme les sorts et les rituels. Avoir une bonne connaissance des mythologies du monde vous aidera à comprendre le symbolisme et à créer une vision équilibrée de la divinité.

Mais surtout, passez du temps dans la nature, observez les changements des saisons, apprenez à connaître la vie animale et végétale. Apprenez à méditer et faites-le régulièrement. Et pour finir, il n'y a pas de meilleure façon d'apprendre que de faire : le seul moyen d'être un wiccan et de comprendre les rituels et les célébrations est de pratiquer et d'apprendre par l'expérience. Par la pratique régulière, non seulement vous allez développer votre assurance et votre concentration, mais aussi développer une plus grande fluidité qui donne à vos rituels plus de dynamisme et les rend plus gratifiants. Souvenez-vous que la Wicca est une spiritualité qui vous aide à vous développer en tant qu'individu et non un passe-temps que l'on peut adopter et abandonner par caprice. Le changement et la croissance exigent de l'énergie et plus vous en investissez, plus grandes seront les récompenses que vous récolterez.

Quand vous interagissez avec d'autres personnes, que ce soit face à face ou sur Internet, souvenez-vous que vos opinions sont aussi valables que celles des autres et si les gens vous rabaissent parce que vous posez des questions, il y a des chances qu'ils ne méritent pas qu'on les écoute. Tout le monde devrait poser des questions et ceux qui ne le font pas, ou qui ont peur d'y répondre, ne sont en général pas très sérieux quant à leurs intentions. Souvenez-vous qu'il vaut toujours mieux admettre son ignorance sur un sujet puis apprendre que d'essayer de faire de l'esbroufe ou de mentir.

G. LES AMIS ET LA FAMILLE

Devenir wiccan peut vous causer toute une série de problèmes sociaux et émotionnels. Vous devez comprendre que les gens qui ont des conceptions religieuses bien arrêtées auront beaucoup de mal à accepter vos croyances, qu'ils peuvent voir comme étant en opposition avec les leurs. S'il peut être intéressant d'échanger des idées avec des personnes ouvertes d'esprit, n'essayez pas de convertir les autres et soyez prêt à faire face à l'hostilité de certaines personnes pour des raisons religieuses.

La jalousie est un autre problème qui peut aussi se présenter. Vos amis, votre partenaire ou votre famille peuvent être très jaloux de votre temps et s'ils constatent soudain que vous êtes moins disponible à cause de votre engagement dans la Wicca, ils peuvent en éprouver du ressentiment. Donc quand vous parlez à vos proches de vos activités, choisissez le bon moment, quand il n'y a pas de négativité autour de vous. Il vaut souvent mieux leur parler individuellement ou en très petits groupes (deux ou trois personnes) au cas où la discussion deviendrait animée ou négative. Les gens ont normalement l'habitude d'une image de vous avec laquelle ils sont à l'aise et il peut leur falloir du temps pour accepter que cette image change ; soyez donc patient et compréhensif. Vous devrez décider quand leur parler, mais sachez aussi que dissimuler à votre partenaire quelque chose comme votre spiritualité ne pourra que causer des problèmes sur le long terme.

H. TROUVER UN COVEN

Il y a un adage qui dit que quand l'étudiant est prêt, le maître arrive. Mais pour beaucoup de gens qui veulent trouver un coven ou un wiccan expérimenté qui peut leur enseigner la Wicca, ce n'est pas le cas. En vérité, il peut vous falloir très longtemps pour trouver un coven qui vous convienne, où vous êtes heureux et qui vous accepte. Si vous désirez sérieusement vous joindre à un coven, vous devez trouver des gens qui en font partie. Cela implique d'assister à des *moots* (rassemblements), des ateliers, des festivals, des conférences ou d'autres événements où vous pouvez trouver des gens qui partagent vos centres d'intérêt. Vous devez sortir et parler à d'autres personnes. Quand vous assistez à des événements, vous ne devez pas non plus jouer les éléphants dans un magasin de porcelaine ; il vaut mieux attendre d'être à l'aise dans une situation avant de poser des questions comme « Est-ce que je peux me joindre à votre coven ? » Internet est un autre bon endroit pour trouver des gens intéressés par la Wicca, si vous faites usage de votre bon sens et si vous vous en tenez aux sites bien établis et de bonne réputation.

Souvenez-vous que le temps passé à en apprendre plus sur la tradition et sur ses pratiques, sur la mythologie et sur la magie ne sera pas du temps perdu. Les covens ont tendance à s'intéresser davantage aux personnes qui sont prêtes à apprendre et qui ont déjà commencé à le faire. Vous devriez aussi comprendre qu'un coven exige beaucoup de temps et d'énergie et vous devez être certain de pouvoir tenir cet engagement si vous le prenez.

Si vous trouvez un coven possible et si vous êtes invité à rencontrer ses membres, insistez pour que ce soit dans un endroit public. Traitez la chose comme un rendez-vous à l'aveugle. Ne donnez pas votre adresse personnelle, des renseignements sur votre travail ou d'autres informations personnelles avant d'être sûr que vous faites confiance à ces personnes. Souvenez-vous que vous avez le choix et que vous devez vous sentir certain que ce coven vous convient ; vous pouvez être sûr qu'ils en feront autant. Pour cette raison, si vous n'êtes pas accepté, ne supposez pas que c'est de votre faute. C'est peut-être simplement un manque de compatibilité ou d'affinité. Le chaudron déborde de mystères.

Avez-vous aimé *Le Cercle de feu* ?

Si vous avez aimé ce livre, nous aimerions vous demander une petite faveur en retour. L'écriture d'un ouvrage représente des mois de rédaction et souvent de longues années de travail en amont pour acquérir les connaissances nécessaires. C'est pourquoi, si vous le voulez bien, nous vous serions reconnaissants de prendre quelques minutes pour parler de ce livre autour de vous, à vos amis, à vos libraires, sur les forums, blogs, sites web, pages, réseaux sociaux, etc., mais aussi pour laisser un avis sur les sites de vente en ligne.

Vos commentaires participent beaucoup à la visibilité du travail de nos auteurs, mais les aident (et nous aident) aussi à mieux cerner vos attentes, à apporter des améliorations à leur travail et à écrire des ouvrages sur d'autres sujets qui pourraient vous intéresser.

Un livre ne vit et n'existe que lorsqu'il se partage et devient accessible à d'autres. Or, cela ne peut se faire que s'ils en entendent parler. Voilà pourquoi votre participation est aussi importante, et pourquoi nous nous en remettons à vous.

Ouvrages du même éditeur

Wicca, aux origines de la magie

Sorita d'Este
et David Rankine

148 × 210 cm
Illustrations N&B / 250 p.

Les origines de la tradition wiccane font depuis longtemps l'objet d'un débat parmi les pratiquants comme parmi les spécialistes. Gerald Gardner a-t-il inventé cette tradition ? La Wicca est-elle ce qui subsiste d'un système de magie populaire britannique ? Se pourrait-il qu'elle poursuive une tradition de sorcellerie païenne ? Aurait-elle pu se développer à partir de la magie cérémonielle de l'époque victorienne ? À moins qu'elle ne soit la manifestation moderne de la Tradition médiévale des Grimoires ?

Les auteurs explorent les origines possibles de la tradition en examinant les pratiques dans le contexte de la pensée magique et spirituelle sur une période de plusieurs milliers d'années. En mettant de côté les débats sans fin concernant les lignages initiatiques, ils regardent au-delà des personnalités individuelles et se concentrent sur ce qu'ils considèrent être au coeur de la tradition : les pratiques, examinant des indices provenant de sources jusqu'ici jamais prises en considération.

La Wicca traditionnelle
Thorn Mooney

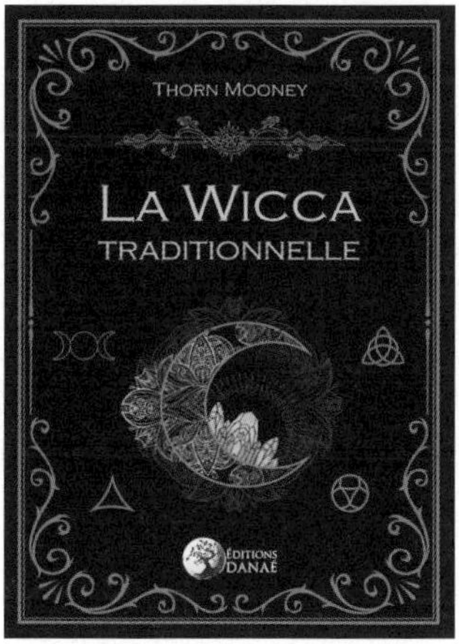

148 × 210 cm
Illustrations N&B / 234 p.

S'il existe de nombreux courants très puissants en sorcellerie contemporaine, la Wicca traditionnelle offre des expériences uniques à ceux qui s'y adonnent. Ce livre étudie les grandes structures wiccanes, basées sur des covens, dont les praticiens peuvent normalement retracer le lignage initiatique aux premiers fondateurs de la Wicca. Traitant de covens, d'initiations, de lignages, de pratiques, d'éthique, et de bien d'autres sujets, *La Wicca traditionnelle* vous offre des astuces et des idées sur la manière de bénéficier au maximum de cette approche approfondie de la sorcellerie.

Les Fils de la Déesse

Christopher Penczak

148 × 210 cm
Illustrations N&B / 272 p.

Comment peut-on appliquer les mythes et les légendes de païens d'autrefois aux hommes du XXIe siècle ? Quels sont les critères pour être un bon sorcier ? Comment trouver sa place en tant qu'homme dans une religion dominée par la gent féminine ? Si la Wicca est une voie spirituelle ouverte à tous, les jeunes hommes peuvent parfois avoir du mal à y trouver leur place. Avec un tel manque de modèle masculins, devenir un fils de la Déesse puissant et autonome peut s'avérer être une mission ardue...

La Voie
du paganisme
John Beckett

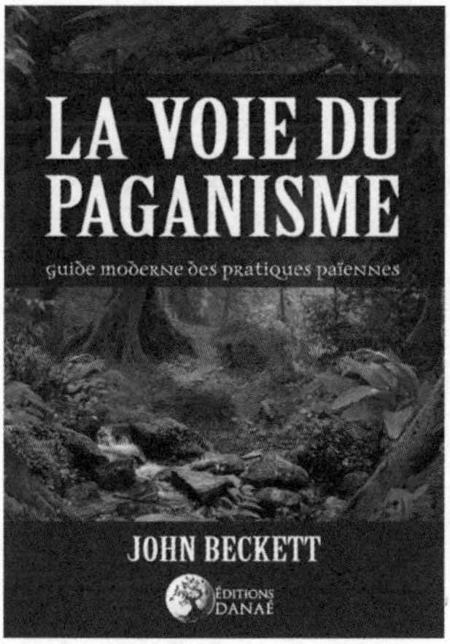

148 × 210 cm
Illustrations N&B / 352 p.

Le paganisme est une façon de voir le monde et la place que vous y occupez.

Il implique de revoir les présupposés enseignés par la société traditionnelle et de renforcer votre relation avec les dieux, la nature, l'univers, les gens qui vous entourent, mais aussi vous-même.

Cet ouvrage vous donne des conseils pratiques pour respecter vos valeurs et vivre une vie païenne authentique au sein de la culture occidentale traditionnelle.

N° imprimeur : 052169089-02

Imprimé en France par Présence Graphique - Monts.